LES PRINCIPES DE 1789

PARIS.—Imprimerie SERRIÈRE et Ce, rue Montmartre, 123

LES

PRINCIPES DE 1789

PAR

ADRIEN DUMONT

Avocat à la Cour impériale de Paris,
Ancien membre du Conseil général de la Drôme.

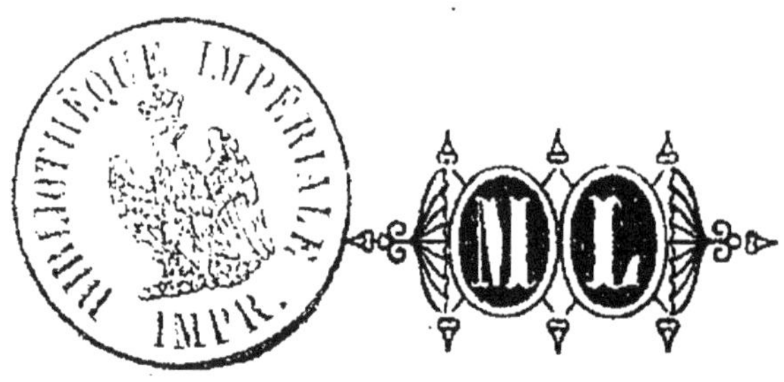

PARIS

MICHEL LÉVY FRÈRES, LIBRAIRES-ÉDITEURS

2 bis, RUE VIVIENNE.

1861

AVANT-PROPOS

Il est des principes qui ont le privilége de rallier tous les partis, parce qu'ils ont le mérite de sauvegarder tous les intérêts moraux et matériels, de les garantir de toute atteinte, de quelque côté qu'elle vienne. Ces principes, ce sont ceux de 1789 ; ils résument toutes les conquêtes de la Révolution.

Ce sont ces grands principes qu'invoquait tout récemment M. Jules Favre, et qu'il se plaignait de ne lire que sur le frontispice du temple.

Ce sont eux dont le Gouvernement, dit M. Latour-Dumoulin (1), *doit aider l'expan-*

(1) Lettre à un membre du Parlement sur la Constitution de 1852.

sion, car il lui serait impossible de les comprimer.

Ce sont eux dont M. de Falloux (1) parlait en ces termes : « Permettez-moi de vous dire que personne de sensé, depuis soixante ans, n'entend rien contester de ce que la Révolution a pu produire dans le sens des grandes garanties, des grandes conquêtes pour la véritable liberté...... La Révolution française est acquise, inaliénable, impérissable. — Rapportez-vous-en au bon sens, au plus vulgaire bon sens de ceux qui vous parlent, à quelque rang qu'ils appartiennent, pour savoir que personne n'apportera ici de réquisitoire contre la partie saine, contre la partie morale, libérale, contre la partie invincible de la Révolution française. »

Ce sont eux qui ont inspiré à M. Berryer (2)

(1) Discours sur la révision de la Constitution.

(2) Discours sur la révision de la Constitution.

un de ses plus beaux mouvements d'éloquence quand, répondant à Michel (*de Bourges*), il lui disait : « Nous avons suivi la même carrière, vous me connaissez depuis les premiers jours de la Restauration, vous savez si j'ai été fidèle aux principes de 1789; mes amis ne le sont pas plus que moi. (A droite : Non ! non !) Mes amis veulent les défendre, ces principes ; ils les appellent pour le gouvernement de la société française ; et, prenez-y garde, quand vous dites que la monarchie est antipathique avec eux, vous oubliez que la grande œuvre de 1789, provoquée par le plus vertueux des rois, provoquée par le grand martyr Louis XVI ; que cette grande œuvre de 1789 était fondée sur le principe de l'hérédité, de la souveraineté publique. Où allez-vous chercher vos incompatibilités ?. . . . .

. . . .

L'incompatibilité de la monarchie avec

les principes de 1789! Mais, permettez-moi de vous le dire, qui est-ce qui a ramené le pouvoir représentatif? qui est-ce qui a rendu à la France les principes de liberté de 1789? qui est-ce qui les a remis en honneur et en pratique dans notre pays? de quels actes, de quelle volonté émane la jouissance que nous en avons eu pendant trente années? De la royauté. »

Ce sont eux, enfin, qu'un jeune orateur (1) a appelé des vérités éclatantes qui sont pour toute constitution ce que l'âme est au corps, la flamme vive sans laquelle rien n'existe ; vérités dans lesquelles l'Italie victorieuse et l'Autriche vaincue vont chercher, l'une la consécration de sa victoire, l'autre la consécration de sa défaite.

Nous avions donc raison de dire que les principes de 1789, proclamés par le gouvernement impérial lui-même, sont un

(1) M. Emile Olivier.

point de ralliement pour tous les partis, pour toutes les opinions, que tous les veulent ou les admettent, que chacun invoque tour à tour leur protection.

C'est précisément parce que ces principes constituent un catéchisme politique généralement admis, que nous avons conçu la pensée d'en faire en quelque sorte l'inventaire, d'établir la généalogie de chacun d'eux, de les mettre en saillie, de dire moins ce qu'ils devraient être que ce qu'ils sont et comment ils ont été compris, appliqués sous les divers gouvernements.

Cette tâche n'était pas facile, et nous n'avons pas la prétention d'être toujours resté à sa hauteur. — Les principes de 1789 embrassent, en effet, les plus hautes questions de politique et d'économie politique. — Ces questions, nous n'avons pas eu la témérité de les traiter, mais tout simplement de rappeler à la société française qui marche, qui se développe par son industrie, par ses travaux, par ses richesses, par son intelligence, pour lui rappeler, disons-nous, que la cause de tous les progrès accomplis, que la condition de tous les progrès à accomplir encore, c'est la mise en pratique et le maintien des conquêtes de nos pères.

LES PRINCIPES DE 1789

I

La Constitution de 1852 a un caractère particulier qu'il ne faut pas perdre de vue. Si c'est l'empereur qui l'a faite, c'est la France qui l'a voulue. Elle est sortie du sein de la nation française solennellement consultée; la nation elle-même en a ratifié les bases essentielles dans les plébiscites des 20 et 21 décembre 1851 et 21 et 22 novembre 1852.

Un gouvernement qui est ainsi l'expression du suffrage universel, ne pouvait pas renier les conquêtes légitimes de la Révolution.

Aussi l'art. 1er de la Constitution reconnaît, confirme et garantit les principes proclamés en 1789, et qui sont la base du droit public des Français.

Les principes de 1789 ont été ainsi résumés par le législateur de 1791 :

« La Constitution garantit comme droits naturels et civils :

» 1° Que tous les citoyens sont admissibles aux places et emplois sans autre distinction que celle des vertus et des talents;

» 2° Que toutes les contributions seront réparties entre tous les citoyens également, en proportion de leurs facultés;

» 3° Que les mêmes délits seront punis des mêmes peines, sans aucune distinction des personnes;

» La Constitution garantit pareillement comme droits naturels et civils :

» La liberté à tout homme d'aller, de rester, de partir, sans pouvoir être arrêté, ni détenu, que selon les formes déterminées par la Constitution;

» La liberté à tout homme de parler, d'écrire, d'imprimer et publier ses pensées, sans que les écrits puissent être soumis à aucune censure ni inspection avant leur publication; et d'exercer le culte religieux auquel il est attaché ;

» La liberté aux citoyens de s'assembler paisiblement et sans armes, en satisfaisant aux lois de police;

» La liberté d'adresser aux autorités constituées des pétitions signées individuellement.

» Le pouvoir législatif ne pourra faire aucunes lois qui portent atteinte et mettent obstacle à l'exercice des droits naturels et civils consignés dans le présent acte, et garantis par la Constitution; mais comme la liberté ne consiste qu'à pouvoir faire tout ce qui ne nuit ni aux droits d'autrui, ni à la sûreté publique, la loi peut établir des peines contre les actes qui attaquant ou la sûreté publique, ou les droits d'autrui, seraient nuisibles à la société.

» La Constitution garantit l'inviolabilité des propriétés, ou la juste et préalable indemnité de celles dont la nécessité publique, légalement constatée, exigerait le sacrifice. »

II

Ces principes peuvent se résumer encore

d'une manière plus succincte dans ces quatre mots :

Égalité,
Liberté,
Sûreté,
Propriété.

Ces mots répondent à des nécessités sociales, et il importe de les bien comprendre.

L'*égalité*, c'est l'absence de tout privilége fondé sur de prétendues différences entre diverses classes d'hommes, qui tous naissent égaux en droits; mais ce n'est pas le nivellement. —Il y a égalité quand il n'y a d'autres causes de préférence que les vertus, les talents, la position honorablement acquise.

La *liberté*, c'est le pouvoir d'exercer dans toute leur étendue les facultés naturelles que Dieu a données à l'homme.

Mais une liberté entière, sans empêchements, sans obstacles d'aucun genre, ne peut exister sans devenir une cause de désordres et d'oppression.

La vraie liberté ne se produit utilement pour tous que sous la protection de l'*autorité*, que limitée par la surveillance du pouvoir de la société, de l'Etat.

Liberté, *autorité*, tels sont les deux éléments dont l'accord est nécessaire pour constituer une société bien organisée.

Dans les régimes despotiques, l'excès du pouvoir du prince, l'absence de liberté humilie le citoyen, lui enlève sa dignité, son énergie d'action, et la société paraît plongée dans un profond sommeil. Dans les temps de révolution, l'absence d'autorité engendre, par la liberté exagérée des uns, l'oppression des autres ; et aussitôt disparaissent le crédit, la confiance, la sécurité (1).

Dans quelles limites la *liberté* doit-elle être réglée par l'*autorité ?* c'est là le problème.

M. de Morny a rendu à la liberté un hommage que nous sommes heureux de recueillir. « L'opinion de la France, a-t-il dit, est profondément libérale ; elle ressemble à ces lames d'acier que l'on courbe et dont la pointe vient toucher la garde ;

(1) Voy. *De la Démocratie industrielle*, par M. Charles Laboulaye.

mais dès qu'on la lâche, elle redevient rigide et reprend sa direction première; *cette direction, c'est la liberté.* » De telles paroles dans la bouche de M. de Morny ne sont pas le signe le moins décisif parmi ceux qui prouvent que le décret du 24 novembre dernier a commencé à nous rendre un esprit public.

Oui, la loi suprême qui résulte de la nature de l'homme, la condition essentielle de son existence, c'est une liberté gouvernée par des lois qui la rendent compatible avec l'ordre public et les droits des individus.

La *sûreté*, c'est la garantie de protection offerte, non-seulement aux individus, mais à la société elle-même. Il y a contrat synallagmatique entre l'Etat et les citoyens. L'Etat est armé de moyens répressifs pour veiller à son salut. Mais les citoyens ne doivent être poursuivis et arrêtés que dans les cas prévus par la loi et suivant les formes qu'elle prescrit. Pour que cette garantie offerte aux citoyens soit réelle, il faut une séparation complète de la justice et de la police ; il importe essentiellement que les agents du pouvoir exécutif ne puissent se substituer aux magistrats en matière de répression.

La *propriété*, c'est tout à la fois la personne et les biens légitimement acquis ; c'est le travail, c'est l'industrie, c'est le génie et le talent, ce sont les biens matériels, soit qu'ils consistent en meubles ou objets mobiliers, soit qu'ils consistent en immeubles.

Ces grands principes sont les conquêtes les plus précieuses de la Révolution de 1789, et toutes les chartes ou constitutions postérieures à cette époque les ont plus ou moins explicitement confirmés. Mais les a-t-on toujours sincèrement appliqués ?

ÉGALITÉ CIVILE

I

« La loi doit être la même pour tous, soit qu'elle protége, soit qu'elle punisse. »

Ce principe d'*égalité*, proclamé par la Constitution de 1791, constitue pour la France une impérieuse nécessité, et toutes les fois qu'il y a été porté atteinte par un des nombreux gouvernements qui se sont succédé, cette nécessité n'a pas tardé à réagir avec force et à entraîner dans cette réaction le gouvernement imprudent qui l'avait attaquée.

C'est à la proclamation de ce principe que l'on doit l'abolition de tous les priviléges de castes, d'ordres, de classes, de corporations, qui enlaçaient la France avant 1789.

En France, il n'existe d'autres supériorités

légales que celles des fonctionnaires publics, disait la Constitution de 1795.

Toutes nos constitutions ont proclamé l'égale répartition de l'impôt. Toutes les propriétés, sans distinction, doivent à l'Etat une somme d'imposition proportionnée au revenu qu'elles donnent ; tous les citoyens, sans exception, doivent concourir aux charges de l'Etat dans la proportion de leur fortune. Le souverain lui-même est soumis au paiement de l'impôt pour son domaine privé.

Ce sentiment d'égalité, si vif en France, ne saurait être trop religieusement respecté. Napoléon Ier en avait apprécié la portée ; c'est en effet au nom de l'égalité qu'il avait su maîtriser la liberté elle-même,

Il rétablit les titres nobiliaires ; mais avant de donner à ces titres une existence légale dans le but, disait-il, de récompenser de grands services et d'exciter une utile émulation, il avait eu la bonne pensée de fonder, par la loi du 29 floréal an X, une institution éminemment démocratique, populaire, et empreinte de cet esprit d'égalité qui l'avait inspirée ; nous voulons parler de la Légion d'honneur dont le signe apparut sur toutes les poitrines plébéiennes.

La Restauration n'eut pas la prétention d'exonérer les nobles des charges et des devoirs de la société, mais elle ne sut pas ménager les justes susceptibilités de la nation.

Dès qu'il fut roi aux Tuileries, Louis XVIII data ses ordonnances de la dix-neuvième année de son règne, foulant ainsi aux pieds tout ce que la Révolution avait consacré, et sacrifiant au dogme de la légitimité le principe de la souveraineté du peuple. Ce mépris des droits conquis par la nation fut la cause de la chute de la branche aînée des Bourbons.

C'est au nom de l'égalité que la révolution de 1830 renversa la noblesse ancienne et nouvelle, qui fut réduite à des qualifications, à des titres sans importance, et dont chacun put se décorer sans craindre la loi pènale; c'est en son nom qu'elle détruisit l'hérédité de la pairie et les substitutions; qu'elle annula l'institution des majorats, qu'elle donna une vive impulsion à l'instruction primaire.

C'est au nom de l'égalité que le gouvernement provisoire de 1848, dépassant les justes limites dans lesquelles était restée à cet égard la révolution de 1830, abolit tous les anciens titres de noblesse, interdit les qualifications qui s'y rattachaient, défendit de les prendre publiquement comme de les faire figurer dans un acte public quelconque.

II

Quant au gouvernement actuel, il peut invoquer certains actes qui sont évidemment inspirés par le sentiment d'égalité si cher aux Français.

C'est ainsi 1° qu'il a donné le suffrage universel en admettant à l'exercice de ce droit tous les Français âgés de vingt et un ans accomplis, jouissant de leurs droits civils et politiques, sans même exclure les domestiques qui n'étaient pas électeurs aux termes de la Constitution de 1791;

2° Qu'il a déclaré éligibles comme membres du Corps législatif, des conseils généraux et municipaux, sans condition de domicile, tous les électeurs âgés de vingt-cinq ans;

3° Qu'il a alloué une indemnité suffisante aux députés au Corps législatif, facilitant ainsi à chacun l'accès de la Chambre dont beaucoup de citoyens auraient pu être exclus par la modicité de leur fortune, si aucun salaire n'avait été attaché à l'exécution de ce mandat;

4° Qu'il a augmenté déjà et qu'il manifeste l'intention d'augmenter encore le traitement des magistrats, surtout dans les rangs inférieurs de la hiérarchie, de telle sorte que les fonctions de l'ordre judiciaire ne soient pas exclusivement réservées à ceux qui ont un patrimoine;

5° Qu'il a, par la loi du 31 décembre 1853, amélioré la situation des instituteurs communaux, dont la rétribution était vraiment insuffisante;

6° Qu'il a élevé le traitement des desservants, ces hommes modestes et utiles qui donnent dans nos campagnes l'exemple de toutes les vertus chrétiennes.

Il est vrai que, par un décret ayant à peu près la même date que la Constitution de

1852, l'empereur Napoléon III a formellement abrogé le décret du gouvernement provisoire concernant les anciens titres de noblesse, et que la loi du 28 mai 1858 a modifié l'article 259 du Code pénal en édictant des peines correctionnelles contre quiconque, sans droit et en vue de s'attribuer une distinction honorifique, aura publiquement pris un titre, changé, ou altéré, ou modifié le nom que lui assignent les actes de l'état civil. Mais qui nierait que le rétablissement dans le Code pénal des dispositions qui punissaient l'usurpation des titres de noblesse ne soit une mesure sage et utile ?

Tout le monde sait qu'une institution à laquelle se rattachent les grands souvenirs de l'ancienne monarchie, était en butte aux empiétements de la vanité ou aux entreprises de la fraude ; qu'enhardis par l'impunité, les usurpateurs s'attribuaient des titres qui ont toujours en France une incontestable influence, et qui l'avaient conservée malgré le décret du gouvernement provisoire.

Il fallait donc que l'action de la justice répressive mît un frein à ces usurpations.

Ce n'est pas dans une mesure de cette nature que nous voyons une atteinte au principe de l'*égalité*.

Ce qui nous semble n'être point suffisamment empreint de ce caractère d'*égalité* si profondément enraciné dans nos instincts nationaux, c'est qu'en matière d'élections communales, départementales ou législatives, l'administration adopte des candidats, les patronne, les recommande avec tous les moyens d'action qui sont en son pouvoir. Nous voudrions que la nation fût laissée à elle-même, et que les chances fussent égales entre tous les candidats.

Or, le sont-elles quand un candidat se présente aux électeurs sous l'égide du préfet du département? Ignore-t-on l'étendue des pouvoirs de ce fonctionnaire, et le nombre d'agents qu'il peut mettre en mouvement?

Le gouvernement ne gagne rien à de semblables pratiques. Il est certes assez populaire pour ne pas craindre que le suffrage universel, abandonné à ses propres inspirations, lui envoie une majorité hostile. Pourquoi, dès lors, permettre que l'administration fasse de telle sorte qu'il y ait lieu de mettre en suspicion la sincérité de l'expression électorale? Serait-ce donc un grand malheur que les corps délibérants renfermassent un certain nombre d'opposants? La lumière ne jaillit que de la discussion, et la discussion n'est jamais animée si tous les membres d'une assemblée sont du même avis.

Une autre pratique non moins regrettable au point de vue de l'*égalité*, c'est que le maire puisse être pris hors du conseil municipal. Le maire n'est et ne doit être que le *primus inter pares*, que le premier conseiller municipal, et l'on en fait exclusivement un fonctionnaire ! Il doit y avoir *égalité* d'origine entre tous les membres d'un conseil municipal, et si l'un mérite assurément l'honneur de ceindre l'écharpe, c'est celui qui a réuni le plus grand nombre de suffrages, en supposant qu'il justifie, d'ailleurs, de toutes les autres conditions nécessaires à l'emploi. Eh bien ! qui affirmerait qu'il en est toujours ainsi ? Combien de fois n'est-il pas arrivé que le préfet place à la tête de la commune celui-là même qui a été exclu du conseil municipal par les suffrages de ses concitoyens? Nous le disons avec une profonde conviction, des nominations de cette nature, non-seulement bravent l'opinion publique, jettent la perturbation dans les communes, désorganisent l'administration locale, mais elles blessent au plus haut degré le principe de l'*égalité !*

Si du régime du conseil municipal nous passons à celui de la presse, nous ne pouvons nous empêcher de faire remarquer que la loi n'accorde pas une protection *égale* à toutes les feuilles périodiques nées ou à naître. Veut-on créer un journal? Il ne suffit pas, en effet, de déposer un cautionnement et de faire la déclaration du titre de ce journal; mais il faut encore demander et obtenir l'autorisation de le publier en faisant connaître et agréer les gérants, rédacteurs en chef, propriétaires ou administrateurs de cette feuille. Supposez que de deux journaux qui sollicitent l'autorisation de paraître, l'un soit seul autorisé; tous les deux avaient des droits *égaux;* ont-ils été traités d'une *manière égale?* Evidemment non. Pourquoi? Parce que l'administration, s'inspirant de préventions, de craintes souvent chimériques, use du droit que lui offre la loi d'empêcher le journal plutôt que de déférer à la justice les délits dont il pourrait se rendre coupable.

Raisonnons maintenant dans l'hypothèse où deux journaux autorisés veulent apporter un changement soit dans la gérance, soit dans le personnel des rédacteurs en chef, soit dans celui des propriétaires ; l'autorisation du gouvernement est nécessaire pour opérer ce changement. Or, dans cette seconde hypothèse, comme dans la première, il peut arriver que l'un n'obtienne pas la faveur qui sera accordée à l'autre. Est-ce là l'*égalité* promise et proclamée par les principes de 1789?

Enfin, une chose qui ne choque pas moins l'*égalité*, c'est le cumul des traitements qui, dans la haute région des fonctions publiques, crée à certains dignitaires un budget qui serait envié par une foule de communes. Combien nous sommes loin à cet égard des prescriptions de la loi du 25 mars 1817, aux termes de laquelle le cumul n'était autorisé, sans distinction, qu'autant que le montant total des traitements cumulés n'excédait pas 3,000 francs!

LIBERTÉ ET SURETÉ INDIVIDUELLES

I

La liberté et la sûreté individuelles se tiennent par un lien indissoluble. Car, si la *liberté* individuelle n'est pas entourée de suffisantes garanties, la *sûreté* n'existe plus, et, réciproquement, il n'y a pas de sûreté sans la liberté individuelle.

Ce n'est qu'à partir de 1791 que la liberté individuelle devint un droit constitutionnellement proclamé et constitutionnellement garanti ; les *lettres de cachet* furent abolies, et l'on mit un frein à l'abus des *arrestations préventives*.

La Constitution de 1793 promit de protéger la liberté publique et individuelle contre l'oppression de ceux qui gouvernent. Mais la Convention se préoccupa fort peu de la Constitution, et le régime de la Terreur ne fut, comme chacun sait, ni celui de la légalité, ni celui de la liberté.

La Constitution de l'an III prononça des peines sévères contre le magistrat qui se permettrait des détentions arbitraires, et contre le fonctionnaire qui prolongerait des détentions au-delà du terme légal.

Mais le Directoire prit, à l'occasion de la conspiration royale, des mesures qui n'étaient rien moins que légales. Une foule de citoyens, parmi lesquels figuraient beaucoup de législateurs, furent arbitrairement réputés chefs des rebelles de la Vendée et des chouans, déportés, privés de leurs biens mis sous le séquestre.

Aux termes de la Constitution de l'an VIII, « la maison de toute personne habitant le territoire français est inviolable. — Pendant la nuit, nul n'a le droit d'y entrer, que dans le cas d'incendie, d'inondation ou de réclamation faite de l'intérieur de la maison. — Pendant le jour, on peut y entrer pour un objet spécial déterminé ou par une loi ou par un ordre émané d'une autorité publique.

» Pour que l'acte qui ordonne l'arrestation d'une personne puisse être exécuté, il faut 1° qu'il exprime formellement le motif de l'arrestation et la loi en exécution de laquelle elle est ordonnée ; — 2° qu'il émane d'un fonctionnaire à qui la loi ait donné formellement ce pouvoir ; — 3° qu'il soit notifié à la personne arrêtée et qu'il lui en soit laissé copie. »

Cette même Constitution de l'an VIII (art. 46) donna le droit au *gouvernement* de décerner des mandats d'amener et des mandats d'arrêt contre les personnes présumées être les auteurs et les complices de *conspiration contre l'Etat*, ajoutant que si, dans un délai de dix jours après leur arrestation, elles n'étaient mises en liberté ou en justice réglée, il y aurait, de la part du ministre signataire du mandat, crime de détention arbitraire.

Ces différentes dispositions paraissaient, assurément, protectrices ; mais elles le furent moins au fond qu'en la forme.—Le gouvernement, en effet, n'avait qu'à prononcer le mot de *conspiration contre l'Etat* pour s'emparer des personnes inculpées de ce prétendu crime.

L'ordre d'arrestation émanait-il, non des ministres, mais d'agents secondaires, ces agents ne pouvaient, suivant l'article 75 de la Constitution, être poursuivis devant les tribunaux qu'en vertu d'une décision du conseil d'Etat.

Il en résultait que, dans toutes les hypothèses, la liberté individuelle était livrée à la discrétion du gouvernement.

Les esprits s'émurent de cet état de choses, et c'est pour les calmer que le sénatus-consulte du 28 floréal an XII institua, par son article 60, *une commission sénatoriale de la liberté individuelle*. Cette commission, composée de sept membres nommés par le Sénat et choisis dans son sein, devait prendre connaissance, *sur la communication qui lui en était donnée par les ministres*, des arrestations effectuées conformément à l'article 46 de la Constitution, lorsque les personnes arrêtées n'avaient pas été traduites devant les tribunaux dans les dix jours de leur arrestation.

Mais cette disposition ne pouvait constituer une garantie qu'à la condition d'être prise au sérieux et d'être exécutée, ce qui ne se réalisa pas.

Le nombre des prisonniers politiques alla toujours s'augmentant sous l'Empire, et il devint si considérable, qu'il fallut créer des prisons d'État par un décret du 3 mars 1810, dont les considérants sont le meilleur commentaire.

« Considérant, lit-on dans le préambule, qu'il est un certain nombre de nos sujets détenus dans les prisons de l'État, *sans qu'il soit convenable ni de les faire traduire devant les tribunaux, ni de les faire mettre en liberté;*

« Que plusieurs ont, à différentes époques, attenté à la sûreté de l'Etat; qu'ils seraient condamnés par les tribunaux à des peines capitales, mais *que des considérations supérieures s'opposent à ce qu'ils soient mis en jugement;*

» Que d'autres, après avoir figuré comme chefs de bandes dans les guerres civiles, ont été repris de nouveau en flagrant délit, *et que des motifs d'intérêt général défendent également de les traduire devant les tribunaux;*

» Que plusieurs sont ou des voleurs de diligences ou des hommes habitués au crime, *que nos cours n'ont pu condamner, quoiqu'elles eussent la certitude de leur culpabilité*, et dont elles ont reconnu que *l'élargissement serait contraire à l'intérêt et à la sûreté de la société* : qu'un certain nombre ayant été employé par la police en pays étranger et lui ayant manqué de fidélité, *ne peut être ni élargi, ni traduit devant les tribunaux* sans compromettre le salut de l'État ;

. . . .

» Considérant cependant qu'il est de notre justice de nous assurer que ceux de nos sujets qui sont détenus dans les prisons de l'Etat le sont pour causes légitimes, en vue de l'intérêt public, et non par des considérations et passions privées..... »

. . . .

Suivent les dispositions du décret, d'après lesquelles aucun individu ne pourrait être détenu dans une prison de l'Etat qu'en vertu d'une décision rendue sur le rapport du grand-juge, ministre de la justice, ou du ministre de la police, dans un conseil privé composé du grand-juge, de deux ministres, deux sénateurs, deux conseillers d'Etat et deux juges au tribunal de cassation. — La détention autorisée par le conseil privé ne pouvait se prolonger au-delà d'une année qu'autant qu'elle aurait été autorisée dans un nouveau conseil privé.

On le voit donc, tout ce luxe de garanties écrites dans la Constitution et les sénatus-consultes n'enfanta, sous l'Empire, que les prisons d'État dans lesquelles étaient arbitrairement détenus une foule d'hommes que le pouvoir ne voulait ou ne pouvait, d'après son propre aveu, ni mettre en liberté, ni faire juger, sous prétexte que la sûreté de l'Etat exigeait cette flagrante violation de la loi! Malheureux le gouvernement qui est amené à faire un si triste aveu, car il devient évident pour tout le monde que, quelle que soit la gloire qu'il donne, il est impuissant à assurer une des plus chères garanties du citoyen, celle de la liberté et de la sûreté individuelle!

II

La Restauration, elle aussi, garantit la liberté individuelle par l'art. 4 de la Charte; mais le règne de Louis XVIII débuta par une réaction qui augmenta de violence après les Cent-Jours, et que l'on désigna à cette époque sous le nom de *Terreur royaliste*.

Une loi du 29 octobre 1815, qui devait cesser d'être si elle n'était renouvelée dans la prochaine session des chambres, permit au gouvernement de détenir *arbitrairement* tout individu, quelle que fût sa profession, civile, militaire ou autre, qui serait arrêté comme prévenu de crimes ou de délits contre la personne et l'autorité du roi, contre les personnes de la famille royale ou contre la *sûreté de l'État*.

Tous les fonctionnaires auxquels la loi conférait le droit de délivrer des mandats, étaient autorisés à procéder aux arrestations des personnes inculpées des crimes élastiques que nous venons d'énumérer, à la seule condition d'en rendre compte au préfet du département, qui lui-même devait en donner avis au ministre de la police générale.

On comprend avec quelle violence se déchaînèrent toutes les mauvaises passions sous e manteau d'une semblable loi; les vengeances particulières prirent la place de la sûreté publique; les fonctionnaires subalternes s'empressèrent de faire du zèle, et la liberté individuelle n'exista plus.

Cette suspension de la liberté individuelle fut de nouveau consacrée par les lois de 1817 et de 1820 qui, légalisant en quelque sorte la terreur royaliste, permirent d'arrêter, *sans qu'il fût nécessaire de les traduire devant les tribunaux*, tous individus prévenus de complots ou de machinations contre le roi, la sûreté de l'Etat et les personnes de la famille royale, à la condition que l'ordre d'arrestation fût délibéré dans le conseil des ministres et signé; en 1817, du président du conseil seulement, et, en 1820, de trois ministres au moins.

Cependant la loi du 26 avril 1820 ne fut pas renouvelée, et avec elle disparut l'arme terrible d'un parti.

L'art. 4 de la Charte de 1814 fut conservé par la Charte de 1830, et nous devons reconnaître que le gouvernement de Juillet, sauf quelques mesures d'exception qui disparurent avec les circonstances qui y avaient donné lieu (1), peut être considéré comme le gouvernement qui a eu le plus grand respect pour la liberté individuelle. — La nation était, en effet, d'autant plus susceptible à cet endroit, que ses blessures saignaient encore. — C'est ce qui explique l'émotion profonde que causa, en 1832, la mise en état de siége de la ville de Paris. — La légalité de cette mesure exceptionnelle, qui avait été prise en vertu du décret du 24 décembre 1811, fut soumise à l'examen de la Cour de cassation, qui, par un mémorable arrêt en date du 29 juin 1832, décida que le décret de 1811 était inconciliable avec le texte comme avec l'esprit de la Charte; et, en conséquence, arrachant aux tribunaux militaires tous ceux qui avaient été arrêtés, les renvoya à leurs juges naturels. Le gouvernement devait se soumettre, et il se soumit.

La Constitution de 1848, se référant à la loi

(1) Arrestation de la duchesse de Berry et sa détention à Blaye sans jugement; arrestation du prince Louis-Napoléon Bonaparte à la suite de la tentative de Strasbourg et son renvoi de France sans jugement.

commune qui protége la liberté des citoyens, se borna à dire (art. 2) que nul ne peut être arrêté et détenu que suivant les prescriptions de la loi.

Mais bientôt les événements forcèrent le gouvernement républicain lui-même à faire taire les principes de la légalité.

Une guerre civile, qui n'était pas seulement politique, mais sociale, ensanglanta les rues de la capitale ; il y eut de nombreuses victimes ; des milliers de prévenus pris les armes à la main devinrent un embarras, et une mesure exceptionnelle était indispensable. Elle fut décrétée le 27 juin 1848. Parmi ces hommes, on distingua divers degrés de culpabilité. Les simples combattants furent transportés dans les possessions françaises d'outre-mer autres que celles de la Méditerranée. Quant à ceux qui avaient commandé l'insurrection, qui l'avaient fomentée, qui pouvaient être considérés comme instigateurs, ils furent réservés à la juridiction militaire.

III

Le coup d'Etat de 1851 avait provoqué une grande émotion à Paris et dans quelques départements. Alors encore la législation parut insuffisante, et, par mesure de sûreté générale, intervenue quelques jours avant la Constitution de 1852 qui devait mettre la liberté individuelle sous la protection du Sénat (art. 26), on transporta en Algérie et à Cayenne tous ceux qui furent reconnus coupables de rupture de ban ou d'avoir fait partie d'une société secrète.

Dans les pays longtemps agités par des révolutions, même après le rétablissement de l'ordre, l'apaisement des esprits se fait lentement. La lutte terminée, il reste encore des épreuves à subir.

Le 14 janvier 1858, un horrible attentat dont la France a frémi eut lieu contre l'Empereur et l'Impératrice, qui n'échappèrent que miraculeusement à la mort. Par suite de l'instruction qui fut faite, le gouvernement crut avoir acquis la preuve que, restreint dans sa conception et mis à exécution par quelques étrangers, l'attentat du 14 janvier était attendu par les sociétés secrètes, que le parti révolutionnaire comptait sur un mouvement, à Paris, vers le milieu du mois de janvier. Il pensa, en conséquence, qu'il était de son devoir de démembrer cette armée du désordre qui espérait profiter des conséquences du crime, de priver les sections secrètes de leurs chefs par l'éloignement. Tels sont les motifs qui ont inspiré la loi de sûreté générale du 27 février 1858.

Cette loi a, dans ses dispositions, deux caractères : l'un judiciaire, devant rester permanent ; l'autre administratif, ne devant être que temporaire, parce que les pouvoirs extraordinaires accordés au gouvernement doivent heureusement cesser au 31 mars 1865, s'ils n'ont pas été renouvelés avant cette époque.

Les art. 1, 2, 3 et 4 punissent : 1° la provocation publique aux crimes prévus par les art. 86 et 87 du Code pénal, lorsque cette provocation n'a pas été suivie d'effet ; 2° les manœuvres pratiquées et les intelligences entretenues soit à l'intérieur, soit à l'extérieur, dans le but de troubler la paix publique ou d'exciter à la haine ou au mépris du gouvernement de l'Empereur ; 3° la fabrication, débit, distribution, détention ou port sans autorisation des machines meurtrières agissant par explosion ou autrement, et de la poudre fulminante, quelle qu'en soit la composition.

Voilà le caractère judiciaire et permanent de la loi.

Les art. 5, 6 et 7 autorisent l'application de *mesures administratives* à l'égard de certaines catégories d'individus.

Ainsi l'art. 5 dispose que tout individu condamné pour l'un des délits prévus par les art. 1, 2, 3 et 4 peut être, *par mesure de sûreté générale*, interné dans un des départements de l'empire ou en Algérie, *ou expulsé du territoire français*.

Les mêmes mesures de sûreté générale peuvent, aux termes des art. 6 et 7, être appliquées : 1° aux individus qui seront condamnés pour crimes ou délits énumérés dans l'art. 6 de la même loi ; 2° à tout individu qui a été soit condamné, soit interné, expulsé ou transporté par mesure de sûreté générale, à l'occasion des événements de mai et juin 1848, de juin 1849 ou de décembre 1851, et que des faits graves signaleraient de nouveau comme dangereux pour la sûreté publique.

Ces mesures de sûreté générale sont prises par M. le ministre de l'intérieur, sur l'avis du préfet du département, du général qui y commande et du procureur général, l'avis de ce dernier devant être remplacé par l'avis du procureur impérial dans les chefs-lieux où ne siége pas une cour impériale.

Voilà le caractère administratif et temporaire de la loi.

Dura lex sed lex.

Dans le cours de la discussion qui a précédé, au sein du Corps législatif, le vote de l'Adresse à l'Empereur, M. Jules Favre a demandé au gouvernement comment il est possible de concilier les grands principes de 1789 avec la loi du 28 février 1858. « Quoi ! » a dit le célèbre orateur, il dépend de la » fantaisie d'un ministre, de l'arbitraire d'un

» préfet, de saisir un citoyen au milieu de
» sa famille, de l'arracher à ses affections, à
» ses affaires, de le ruiner, de le jeter sur une
» terre étrangère où il mourra de misère et
» de désespoir! Et l'on nous dit, messieurs,
» qu'on respecte les grands principes de 89,
» et que ce sont là les fondements sur les-
» quels le gouvernement s'appuie! Répon-
» dra-t-on que cet arbitraire ne s'applique
» qu'à une classe de citoyens? Précisément
» parce qu'elle établit dans la nation une ca-
» tégorie, elle est une loi qui pèse au pays
» et qui doit être rapportée. Et, d'ailleurs, si
» vous considérez cette loi dans son appli-
» cation, est-ce qu'il ne me serait pas permis
» de dire qu'elle est comme un triste résidu
» de nos discordes civiles, absolument in-
» compatible avec cette discussion franche,
» libre et loyale à laquelle le gouvernement
» nous convie? »

Cette vive attaque de M. Jules Favre a eu le mérite, sinon de faire rapporter la loi dont il s'agit, du moins de provoquer une déclaration importante de M. le président du conseil d'Etat, à savoir que la catégorie des anciens condamnés, internés, expulsés ou transportés à l'occasion des événements de mai et juin 1848, de juin 1849 ou de décembre 1851, échappe désormais à cette loi d'exception par suite et en vertu de l'amnistie. Mais cette loi n'en est pas moins en vigueur contre plusieurs autres catégories de condamnés, et avec elle la liberté individuelle est gravement compromise.

Quand donc le gouvernement croira-t-il pouvoir renoncer à ces armes de la raison d'Etat ? Il nous semble que tout l'y convie : le calme s'est fait dans les esprits, les condamnations pour délits politiques diminuent dans des proportions considérables, la popularité de l'Empereur est toujours aussi grande et le nombre des adversaires du gouvernement s'affaiblit au fur et à mesure que celui-ci entre dans une voie plus libérale.

Une séparation nette, complète, entre la justice et la police, voilà une réforme qui serait non moins populaire et non moins applaudie que celle de la publicité parlementaire.

Il est des libertés, et la liberté individuelle

est de ce nombre, qui sont passées dans nos mœurs, qui sont devenues un besoin public. Le plus grand danger pour un gouvernement, c'est de vouloir les comprimer, au lieu de les mettre dans ses intérêts.

LIBERTÉ DE LA PRESSE

I

La liberté de la presse est une conséquence indispensable, une condition de la liberté de la tribune, comme la liberté de la tribune est une condition nécessaire de l'existence des corps délibérants.

Il n'y a de gouvernement parlementaire et représentatif que là où tous les intéressés assistent à la discussion de leurs affaires.

Non-seulement il faut que les discussions soient publiques, c'est-à-dire que l'enceinte dans laquelle elles ont lieu soit ouverte, et que tout ce qui s'y dit soit répété, mais que la presse ait le droit d'exprimer son opinion, de répandre ses idées et ses doctrines.

De là, on aurait tort de conclure que la

presse puisse prétendre à une *liberté illimitée*, car il serait aussi dangereux qu'illogique de contester à la Société le droit de veiller à sa conservation, de désarmer la pensée ennemie de l'ordre social, de prévenir ses attentats ou ses intrigues, d'empêcher qu'on oppose au gouvernement tel autre gouvernement, à la dynastie telle autre dynastie, d'empêcher, en un mot, qu'on entretienne des passions hostiles à l'ordre établi.

Que serait une puissance sans pouvoir, un empire sans force ?

La liberté de la presse doit donc être gouvernée par des lois qui la rendent compatible avec l'ordre public et les droits des individus ; mais il est indispensable que la condition faite à la presse *soit légale*, c'est-à-dire *que les écrivains ne dépendent que de la loi et des tribunaux*.

Soumettre les écrivains, pour des infractions inconnues à la loi, échappant à toute définition légale préalable, qu'il dépend uniquement du pouvoir exécutif de fixer suivant son appréciation accidentelle et variable, les soumettre, disons-nous, à la discrétion de l'administration armée d'une sorte de pouvoir judiciaire non défini, d'une nature à la fois répressive et préventive, c'est anéantir la presse, car c'est lui enlever toute indépendance. — Est-il indépendant, l'écrivain dont on peut à chaque instant briser la plume ?

La difficulté, c'est de garder un sage milieu entre une limitation trop absolue et un respect exagéré de la liberté de la presse.

Si nous jetons un coup-d'œil rétrospectif sur l'histoire législative de la presse, nous nous convaincrons qu'à toutes les époques son affranchissement absolu n'a donné lieu qu'à des désordres, et qu'une compression sans limites a enfanté des révolutions.

La liberté de la presse fut établie dans toute son étendue par la Constitution de 1791 ; mais ses débordements ne tardèrent pas à faire naître des entraves et des poursuites. Non-seulement la Convention décréta que ses membres rédacteurs de journaux seraient obligés d'opter entre les fonctions de député et la qualité de rédacteur de journal, mais elle punit de mort la provocation aux crimes politiques.

II

DIRECTOIRE

La Constitution de l'an III ne reconnut aucune limitation à la liberté de la presse, et déclara que toute loi prohibitive, quand les circonstances la rendraient nécessaire, serait essentiellement provisoire et n'aurait d'effet que *pendant un an au plus*, à moins qu'elle ne fût formellement renouvelée.

Deux années s'étaient à peine écoulées, que la conspiration royale donna lieu à une loi édictant des mesures de salut public, parmi lesquelles nous remarquons la mise des journaux et des presses sous l'inspection de la police.

III

CONSULAT

La Constitution de l'an VIII n'avait rien promis à la presse, dont elle ne fit pas même mention; les consuls se considérèrent comme d'autant plus autorisés à la bâillonner. Quelques jours après, le 27 nivôse, ils prennent un arrêté par lequel ils réduisent à treize le nombre des journaux de Paris autorisés à paraître, et annoncent qu'ils supprimeront sur-le-champ tous ceux qui insèreront des articles contraires au respect dû au pacte social, à la souveraineté du peuple et à la gloire des armées, ou qui publieront des invectives contre les gouvernements et les nations alliés de la République.

IV

PREMIER EMPIRE

Le premier consul, devenu empereur, persista dans son système de compression à l'égard de la presse, et, par un décret du 5 février 1810, il la soumit à une discipline sévère.

Un directeur-général fut chargé de tout ce

qui est relatif à l'imprimerie et à la librairie.

La profession d'imprimeur devint une industrie privilégiée.

A Paris, les imprimeurs ne devaient être qu'au nombre de soixante seulement, et, dans les départements, à celui qui serait fixé par l'administration.

Ils ne pouvaient recevoir leurs brevets et être admis au serment qu'après avoir justifié de leur capacité, de leurs bonnes vie et mœurs et de leur attachement à la patrie et au souverain.

Les libraires, également brevetés, soumis à l'approbation du ministre de l'intérieur, durent prêter serment.

Défense fut faite de rien imprimer ou faire imprimer qui pût porter atteinte *aux devoirs des sujets envers le souverain et à l'intérêt de l'Etat*. Les contrevenants étaient traduits devant les tribunaux et punis conformément au Code pénal, sans préjudice du droit qui appartenait au ministre de l'intérieur de retirer le brevet à l'imprimeur.

Avait-il un ouvrage quelconque à mettre sous presse, l'imprimeur était tenu, avant tout, d'inscrire sur un livre coté et paraphé le titre de l'ouvrage et le nom de l'auteur, puis de remettre ou d'adresser sur-le-champ au directeur-général et au préfet copie de la transcription.

Les préfets, à leur tour, donnaient connaissance de ces déclarations au ministre de la police générale, et, à partir de ce moment, l'ouvrage était livré à l'examen d'un *censeur*. sur le rapport duquel le directeur-général pouvait indiquer à l'auteur les changements ou suppressions jugés convenables, et, sur son refus de les faire, défendre la vente de l'ouvrage, faire rompre les formes, saisir les feuilles des exemplaires déjà imprimés.

Ce n'est pas tout. En vain l'imprimeur e l'auteur avaient-ils adopté les corrections, les changements, les suppressions qui leur avaient été indiqués ; en vain représentaient-ils le procès-verbal qui prouvait leur soumission sans réserve, le ministre de la police pouvait toujours ordonner la *suspension de l'écrit* et sa mise sous le sequestre ; il devait alors, dans les vingt-quatre heures, transmettre au comité du contentieux du conseil d'Etat un exemplaire de l'ouvrage avec l'exposé des motifs qui l'avaient déterminé à ordonner la suspension. Sur le rapport et l'avis de la commission, le conseil d'Etat prononçait.

Quant aux livres imprimés ou réimprimés à l'étranger, on ne pouvait les introduire en France sans payer un droit d'entrée de cinquante pour cent au moins de la valeur de l'ouvrage, et sans une permission du directeur-général.

Les délits et contraventions étaient constatés par les inspecteurs de l'imprimerie et de la librairie, et donnaient lieu à confiscation et amende au profit de l'État, sans préjudice des dispositions du Code pénal.

Le 3 août 1810 intervint un décret déclarant qu'il n'y aurait *qu'un seul journal dans chacun des départements* autres que celui de la Seine ; que ce journal serait *sous l'autorité du préfet*, et ne pourrait paraître que sous son approbation.

Les préfets avaient, néanmoins, la faculté d'autoriser *provisoirement*, dans les grandes villes, la publication de feuilles d'affiches ou d'annonces, ainsi que les journaux traitant exclusivement de littérature, sciences et arts ou agriculture.

Quelque temps après (décret du 14 décembre 1810), les censeurs, portant le titre de *censeurs impériaux*, reçurent un traitement fixe et une rétribution annuelle proportionnée à leurs travaux.

Enfin, le Code pénal vint compléter le système répressif de cette législation à mailles serrées en édictant des peines contre les délits de la parole, de l'écriture et de la presse, qui n'avaient pu trouver leur place dans le décret de 1810.

V

PREMIÈRE RESTAURATION

Les Bourbons revinrent de leur long exil, et donnèrent aux Français le droit de publier et de faire imprimer leurs opinions, en se conformant aux lois qui doivent réprimer les abus de cette liberté.

Ces termes de la Charte de 1814 faisaient

espérer qu'en matière de presse le pouvoir renonçait à *prévenir les délits* pour se borner à *les réprimer*.

Cet espoir ne fut pas de longue durée.

Dès le 21 octobre 1814, les journaux et écrits périodiques ne peuvent plus paraître qu'avec l'autorisation du roi. — La censure est rétablie. — Si deux censeurs au moins jugent que l'écrit est un libelle diffamatoire ou qu'il peut troubler la tranquillité publique, ou qu'il est contraire à la Charte constitutionnelle, ou qu'il blesse les bonnes mœurs, le directeur-général de la librairie peut ordonner qu'il soit sursis à l'impression.

Cette loi reproduisait, en outre, les principales dispositions du décret de 1810. — Les imprimeurs, astreints à indiquer leurs noms et demeures sur tous les imprimés, continuaient d'être soumis à la déclaration et au dépôt de tous les ouvrages d'imprimerie.

VI

LES CENT-JOURS

Sur ces entrefaites, l'empereur Napoléon,

rapide comme la foudre, acclamé par le peuple et les soldats, arrive à Paris en même temps que Louis XVIII en sortait.

L'empereur comprend alors que la liberté de la presse, sagement limitée, est un droit auquel il ne faut pas refuser sans motif une satisfaction légitime. — Aussi, par l'art. 64 de l'Acte additionnel, donna-t-il à tout citoyen le droit d'imprimer et de publier ses pensées, en les signant, *sans aucune censure préalable*, sauf la responsabilité légale, après la publication, *par jugement par jurés*, quand même il n'y aurait lieu qu'à l'application d'une peine correctionnelle.

Ce règne ne fut que de cent jours, dont le dernier devait être, à Waterloo, la défaite du génie et de l'héroïsme par la trahison.

VII

DEUXIÈME RESTAURATION

Cours prévôtales.

Les Bourbons reparaissent de nouveau, et autour d'eux s'agitent les partis vaincus ; les mécontentements se traduisent en manifestations. Pour les comprimer, Louis XVIII obtient la loi du 11 novembre 1815, qui punit les *cris séditieux et les provocations à la révolte.*

Mais pour juger et punir ces délits, il ne se contente pas de la justice ordinaire, il lui faut des formes plus simples, une justice plus rapide.

Il se rappelle alors des cours prévôtales, auxquelles avaient eu recours les rois ses ancêtres, et une loi du 20 décembre 1815 rétablit cette juridiction exceptionnelle.

Une cour prévôtale fut établie dans chaque département; elle se composait d'un président, d'un prévôt et de quatre juges.

Le président et les juges étaient choisis parmi les membres du tribunal de première instance.

Le prévôt était pris parmi les officiers supérieurs de l'armée de terre et de mer.

Les cours prévôtales connaissaient des crimes qui étaient attribués aux cours spéciales; elles procédaient contre tout individu, quelle que fût sa profession civile, militaire ou autre, prévenu... notamment, d'avoir affiché, distribué ou vendu, dans des lieux publics, des *écrits;* d'avoir, dans des lieux publics ou destinés à des réunions habituelles de citoyens, fait entendre des cris ou proféré des discours, toutes les fois que ces cris, ces discours ou *ces écrits* avaient exprimé la menace d'un attentat contre la personne du roi ou la personne des membres de la famille royale, toutes les fois qu'ils auraient excité à s'armer contre l'autorité royale ou qu'ils auraient provoqué au renversement du gouvernement ou au changement de l'ordre de successibilité au trône.

Les arrêts des cours prévôtales étaient rendus en dernier ressort, sans recours en cassation, et exécutoires dans les vingt-quatre heures.

Cependant la censure, qui n'avait été établie que d'une manière transitoire, s'éteignit à la fin de la session de 1816 ; mais, le 18 février 1817, une loi obligatoire jusqu'au 1er janvier 1818 imposa de nouveau l'*autorisation préalable* aux journaux et feuilles périodiques.

La liberté de la presse n'exista donc qu'à compter du 1er janvier 1818.

Les lois de 1819 la consacrèrent.

La répression des crimes et délits de la parole et de la presse fut confiée à la justice du pays.

La presse périodique politique était soumise à des formalités qui n'enlevaient rien à la liberté de faire le bien, mais qui fournissaient au pouvoir des garanties contre la liberté de mal faire (1). Les propriétaires des journaux politiques durent : 1° fournir un cautionnement plus ou moins élevé, suivant les lieux et les intervalles de leur publication ; 2° avertir l'autorité de la création du journal par *une déclaration ;* 3° être *éditeurs responsables* du journal ; tenus, en outre, d'en *déposer* un exemplaire *signé* et minuté entre les mains de l'Administration.

Ce fut de cette époque, comme l'a rappelé avec raison M. Jules Favre, que data cette législation sur la presse qui a été pendant de longues années l'objet des éloges unanimes de tous les écrivains et de tous les orateurs

(1) Voyez *Code annoté de la presse*, par M. Rousset, page 11.

qui ont traité les sujets politiques; cette législation, qui *consacra la responsabilité des fonctionnaires publics en admettant la preuve de la vérité des faits diffamatoires.* La responsabilité des fonctionnaires publics et de toutes les personnes qui ont agi dans un caractère public, a ajouté le même orateur, peut seule garantir une bonne, saine et morale administration, parce qu'en dehors d'un pareil principe il n'y a que trouble et anarchie dans l'État.

Malheureusement, l'assassinat du duc de Berry, attribué aux déclamations de la presse, provoqua une réaction.

Les journaux succombent de nouveau sous la censure, rétablie par les lois des 31 mars 1820 et 26 juillet 1821.

La loi du 17 mars 1822 fit revivre la nécessité de l'autorisation préalable pour les journaux ; elle permit de les poursuivre et de demander leur suppression, *à raison de leur tendance* (1), et celle du 25 mars investit les

(1) Voyez M. Crémieux, *Code constitutionnel*, page 273.

tribunaux correctionnels de la connaissance des délits de presse, dont elle dépouilla le jury.

L'avénement de Charles X au trône se signala par des mesures de clémence. Ce monarque mit fin à la censure, et la loi du 18 juillet 1828 rendit la liberté à la presse périodique.

Le pouvoir, cédant à la pression des partis et à la voix de la nation (1), abolit la formalité de l'autorisation préalable, à laquelle étaient encore soumis les journaux politiques par la loi du 17 mars 1822, et reconnut à tous les Français majeurs et jouissant des droits civils celui de publier et d'établir un journal, en se conformant aux conditions préalables du *cautionnement*, de la *déclaration* et de l'institution de un à trois *gérants*, dont la responsabilité, pour être sérieuse, devait reposer sur la propriété d'une part du cautionnement.

A cette époque, les journaux se multiplièrent et abusèrent souvent des libertés nou-

(1) Voyez *Code annoté de la presse*, p. 211.

velles. Ce fut un malheur. — Mais il y eut un autre malheur : c'est que la génération, encore vivante, qui avait été spectatrice des excès de la Révolution, spectatrice et victime, cette génération qui s'était réfugiée à l'étranger, eut trop peu de confiance dans la liberté ; elle fut alarmée aussitôt qu'elle vit naître les luttes. Le pouvoir lui-même n'eut pas assez de confiance dans la liberté qu'il avait voulue. Au lieu d'user des moyens de répression que lui donnait la loi, le gouvernement des Bourbons pensa qu'il était plus sûr d'avoir recours aux mesures arbitraires.

Tout à coup les trop fameuses ordonnances de juillet rétablissent la censure. Toute publication, sans exception, est suspendue ou soumise à l'autorisation préalable.

A ces actes, aussi inattendus qu'insensés, le pays répondit par une révolution.

Avant de poursuivre l'énumération des nombreuses lois qui ont eu pour objet de réglementer la presse, qu'il nous soit permis de nous arrêter un instant pour constater la mobilité du législateur qui, sous l'impression d'un événement isolé et quelquefois de craintes chimériques, passe d'une indulgence trop grande à une sévérité exagérée. Au milieu de ces tâtonnements, de ces incertitudes, de ces hésitations, la presse manque de guide sûr pour se diriger, et, en dépassant les limites de la liberté, elle autorise le pouvoir à user de moyens de répression; une fois sur cette voie, celui-ci se laisse entraîner jusqu'à confisquer les libertés publiques. Malheur à lui alors! car il a beau briser les presses, interdire les livres, les journaux, il n'empêche pas l'opinion publique de se former, de s'étendre et de le juger.

VIII

MONARCHIE DE 1830

Loi du 9 septembre 1835

Le premier acte du gouvernement de Juillet fut d'abroger les ordonnances du roi Charles X.

La charte de 1814 fut modifiée, et notamment en ce qui concerne la presse, dont la victoire du 29 juillet était l'œuvre et devait être le triomphe. Elle déclara que « la censure ne pourrait jamais être rétablie, et que, par des lois séparées, il serait pourvu, dans le plus bref délai possible, à l'application du jury aux délits de presse et aux délits politiques. »

La loi du 8 octobre 1830 vint remplir cette promesse en renvoyant devant la cour d'assises tous les délits commis par la voie de la presse ou par tout autre moyen de publication. Deux exceptions furent admises cependant : l'une qui renvoyait en police correctionnelle les délits de diffamation verbale ou d'injure verbale contre toute personne, et les délits de diffamation ou injure par une voie de publication quelconque contre les particuliers ; l'autre était une réminiscence malheureuse, en ce qu'elle mettait la presse à la discrétion des corps politiques et des tribunaux en les constituant juges dans leur propre cause, en cas d'offense.

La loi du 26 mai 1819, rétablie par celle du 8 octobre 1830, en restituant le jury à la presse (1), indiquait des formes de procédure

(1) Voyez M. Crémieux, *Code constitutionnel*, page 275.

longues et multipliées. Toutes ces formes, une loi du 8 avril 1831 les conserva dans le cas d'une saisie, mais les abolit quand il s'agirait simplement de poursuivre l'auteur présumé d'un délit de presse. Il fut permis au ministère public de le citer directement devant la cour d'assises.

La quotité des cautionnements fut réduite d'une manière notable pour les journaux politiques.

Les droits de timbre et de poste furent diminués.

La publicité par voie d'affiche et de placards attira, par l'abus qu'on en faisait, l'attention du gouvernement. Il ne demanda pas à déterminer lui-même, par l'entremise de la police, quelles seraient les affiches licites ou illicites, ce qui eût été de l'arbitraire, mais il provoqua et obtint la loi du 10 décembre 1830, qui défendit d'afficher ou placarder, dans les rues, places et autres lieux publics, *aucun écrit, soit à la main, soit imprimé, gravé ou lithographié, contenant des nouvelles politiques ou traitant d'objets politiques.*

Il arriva cependant que ce qu'on ne pouvait

afficher, on le fit *crier* sur la voie publique, et alors le scandale était le même. Il fallait y pourvoir. Ce fut là l'objet de la loi du 16 février 1834 : « Nul ne put exercer, même temporairement, la profession de crieur, de vendeur ou de distributeur sur la voie publique, d'écrits, dessins ou emblèmes imprimés, lithographiés, autographiés, moulés, gravés ou à la main, *sans autorisation préalable de l'autorité municipale.* »

L'autorisation pouvait être retirée.

Cette loi causa une grande émotion. On alla certes trop loin en lui reprochant de rétablir la censure d'une manière indirecte, mais elle prêtait le flanc à la critique en ce qu'elle accusait une certaine tendance, de la part du législateur, de revenir au système des *autorisations préalables*.

L'année suivante, celle de 1835, fut marquée par l'attentat de Fieschi contre la personne du roi.

Cet attentat, conçu et exécuté avec une cruelle audace, révéla la gravité des circonstances et fit comprendre la nécessité d'y faire face. C'est dans ce but que fut votée la loi du 9 septembre 1835. « La liberté de la presse ne domine pas les autres institutions, disait M. de Broglie, président du conseil, mais est elle-même limitée par la Constitution dont elle fait partie ; c'est un principe fondamental de la Charte, c'est-à-dire de la monarchie constitutionnelle ; c'est un principe fondamental de la monarchie constitutionnelle que le monarque est au-dessus de toute atteinte, au-dessus de toute discussion. La monarchie, le roi, la dynastie sont dans la Charte, et, comme elle, inviolables ; les attaquer, les nier publiquement, c'est un acte de révolte, et, au milieu des passions qui nous entourent, c'est un attentat manifeste à la sûreté de l'Etat. »

M. le garde des sceaux s'expliqua d'une manière encore plus énergique sur le but de la loi.

« Il consiste, dit-il, à frapper de peines très sévères les écarts de la presse, à rendre impossibles surtout les presses républicaine et carliste. Plus de censure, la Charte le dit. Il faut franchement exécuter la disposition *en ne recourant à aucune mesure préventive.* Mais peines sévères contre les délits, peines immenses contre les crimes qui s'adressent à la personne du roi, *au principe ou à la forme de son gouvernement*, c'est la condition sans laquelle il ne peut y avoir de liberté de la presse ; autrement, cette liberté dégénère en licence, et la licence de la presse finit par devenir funeste aux gouvernements les plus fortement constitués. »

Analysons en quelques mots cette fameuse loi qui souleva tant de clameurs et qui fut même accusée d'inconstitutionnalité.

Elle répute *attentat à la sûreté de l'État et justiciable de la Chambre des pairs :*

1° Toute provocation par l'un des moyens énoncés en l'art. 1er de la loi du 17 mai 1819, aux crimes prévus par les art. 86 et 87 du Code pénal, soit qu'elle ait été ou non suivie d'effet ;

2° L'offense au roi commise par les mêmes moyens, lorsqu'elle a pour but d'exciter à la haine ou au mépris de sa personne, ou de son autorité constitutionnelle ;

3° L'attaque contre le principe ou la forme du gouvernement établi par la Charte de 1830, lorsqu'elle a pour but d'exciter à la destruction ou au changement du gouvernement.

De nouveaux délits y sont prévus et punis, tels que ceux :

De faire publiquement acte d'adhésion à toute autre forme de gouvernement, soit en attribuant des droits au trône de France aux personnes bannies à perpétuité par la loi du 10 avril 1832, ou à tout autre que Louis-Philippe Ier et sa descendance ;

De prendre la qualification de républicain ou toute autre incompatible avec la Charte de 1830 ;

D'exprimer le vœu, l'espoir ou la menace de la destruction de l'ordre monarchique, constitutionnel, ou de la restauration de la dynastie déchue ;

D'attaquer la propriété, le serment, le respect dû aux lois ; de faire l'apologie des crimes et délits prévus par la loi pénale ; de provoquer à la haine entre les diverses classes de la Société ;

D'ouvrir ou annoncer publiquement des souscriptions ayant pour objet d'indemniser des amendes, frais, dommages et intérêts prononcés par des condamnations judiciaires ;

De publier, exposer ou mettre en vente, *sans autorisation préalable du ministre de l'intérieur*, à Paris, et *des préfets* dans les départements, aucun dessin, aucunes gravures, lithographies, médailles et estampes, aucun emblême, de quelque nature et espèce qu'ils soient ;

D'établir, soit à Paris, soit dans les départements, aucun théâtre ni spectacle, de quelque nature qu'ils soient, d'y représenter aucunes pièces sans l'autorisation préalable du ministère de l'intérieur ou des préfets.

Si à ces dispositions on ajoute celles qui avaient pour objet :

D'élever le taux du cautionnement qui, au lieu d'être en rentes, devait être en numéraire ;

De rendre les obligations des gérants plus onéreuses, on aura une idée à peu près complète de la loi du 9 septembre 1835.

Un des nombreux reproches que l'on faisait à cette loi, c'était d'avoir érigé en attentats justiciables de la Chambre des pairs certains faits qui jusqu'alors n'avaient été déférés qu'à la Cour d'assises ou aux tribunaux de police correctionnelle, suivant les cas. Mais le rapporteur, M. Sauzet, justifiait cette disposition en faisant remarquer que les délits de la presse n'ont pas plus de privilége que les autres délits politiques, la Charte n'ayant pas décrété l'immutabilité de nos lois pénales.

« Il est évident, en effet, disait-il, que la provocation à la révolte, l'offense à la personne du souverain, l'attaque contre le principe ou la forme du gouvernement, que de tels faits ne sont délits et crimes que parce qu'ils intéressent la sûreté de l'État et à raison du péril qu'ils lui font courir. » Cette thèse fut soutenue par beaucoup d'autres orateurs, et la loi fut votée.

Peut-être qu'au lieu de critiquer si fort cette loi, il eût été plus juste de dire qu'elle avait eu le rare mérite de distinguer les variétés nombreuses des délits qu'on peut commettre par la voie de la presse, et d'établir une échelle de pénalités en harmonie avec cette division mieux étudiée. — Elle avait créé, il est vrai, une nouvelle espèce de délits, c'est-à-dire qu'on ne pouvait plus se dire impunément légitimiste ou républicain. — Mais, encore une fois, c'était là un exemple de détermination précise des éléments de la criminalité. — Or, il n'y a pas de meilleure loi sur la presse que celle qui est claire et explicite. Tout le monde y gagne. — L'opinion publique apprécie mieux la moralité des actes, les juges ont des bases plus certaines pour leurs jugements, et les écrivains un guide plus sûr dans leurs travaux. — Et d'ailleurs, en créant ces délits nouveaux, que fit la monarchie de juillet, sinon de vouloir empêcher que l'on discutât son principe? N'est-ce pas là une chose que tous les gouvernements ont tôt ou tard reconnu comme la sauvegarde de leur propre existence? — Le général Cavaignac lui-même n'a-t-il pas dit qu'un gouvernement est perdu quand il laisse discuter son principe? — « Pourquoi est-il perdu, disait M. Berryer (1), si la discussion de son principe est livrée aux examens, aux vo-

(1) Discours sur la révision de la Constitution.

lontés, aux caprices, aux témérités des hommes qui composent la Société? Cette discussion est ouverte, en droit, je le reconnais, à l'intelligence qui corrige, qui juge, qui apprécie. — Aucun gouvernement ne peut s'y soustraire; mais s'il laissait la liberté illimitée de discussion, il manquerait au premier de ses devoirs. N'est-il pas évident qu'il ne peut laisser s'agiter ainsi persévéramment la question de savoir si on le gardera ou si on ne le gardera pas, si l'on modifiera la forme sous laquelle marche, grandit une Société, à qui il doit toutes les conditions de vie et de stabilité; n'est-il pas évident que si ces questions sont remuées sans cesse, il n'y a pas pour le peuple, il n'y a plus pour le pays le loisir de vivre en repos, de penser à ses arts, à son industrie, à ses affaires, à ses intérêts? N'est-ce pas aussi évident que la lumière du jour? »

Avouons donc que l'on se montra trop sévère envers la loi de 1835, et qu'il en est des lois comme des personnes dont on n'apprécie jamais mieux les qualités qu'après les avoir perdues!

IX

AVÉNEMENT DE LA RÉPUBLIQUE

Quoi qu'il en soit, la monarchie de 1830 tombe à son tour, entraînant dans sa chute la loi du 9 septembre 1835.

Dès-lors, la presse est d'autant plus libre que, parmi les membres du gouvernement provisoire, siégent plusieurs de ses représentants.

L'impôt du timbre est aboli.

Un décret (29 mars 1848) proclame l'incompétence absolue des tribunaux civils en matière de réparation civile pour diffamation, injures et autres attaques contre les fonctionnaires, et confond, en ce qui concerne la poursuite, l'exercice de l'action civile avec l'action publique.

Quant à l'application des lois sur la presse, inutile de rappeler qu'elle était restée suspendue ; aucune garantie n'était exigée pour la création d'un journal, ni cautionnement, ni autorisation préalable. Il n'y avait plus de timbre. Une liberté aussi illimitée donna naissance à une foule de feuilles périodiques, et il faut dire que toutes n'eurent pas pour rédacteurs les hommes les plus modérés.

Des prédications passionnées égarèrent la multitude et allumèrent la guerre civile.

La révolte vaincue, le gouvernement provisoire, voulut parer aux excès qui l'avaient provoquée.

A l'égard de la presse, deux partis s'offrirent à lui, l'un c'était d'élaborer pour elle un code nouveau; l'autre, c'était de maintenir provisoirement les lois existantes, en corrigeant seulement ce qui, dans leur texte, serait en dissonnance évidente avec la situaton actuelle.

Le gouvernement s'arrêta à ce dernier parti; en conséquence intervinrent les décrets temporaires des 9 et 11 août 1848.

Le premier eut pour objet d'abaisser le cautionnement des journaux. Les propriétaires de ces feuilles qui ne l'avaient pas encore versé eurent un délai de 20 jours pour se conformer à la disposition nouvelle.

Le second décret, destiné seulement à pourvoir aux éventualités des circonstances, avant le vote de la Constitution, n'eut d'autre but que de mettre les dispositions des lois de 1819 et 1822 en harmonie avec les faits sortis de la Révolution de février. Toutes les dispositions non modifiées par le décret furent maintenues en vigueur.

La Constitution s'était fait attendre longtemps ; mais elle se produisit enfin, et, à l'exemple de celles qui l'avaient précédée, elle reconnut, en présence de l'Etre suprême, à tous les citoyens le droit de manifester leur pensée par la voie de la presse ou autrement. L'exercice de ce droit ne devait avoir pour limite que ceux d'autrui et la sécurité publique ; elle déclara qu'en aucun cas la presse ne pourrait être soumise à la censure (art. 8) ; que la connaissance de tous les délits de presse était attribuée au jury (art. 83), qui statuerait seul sur les dommages-intérêts réclamés pour faits ou délits de presse (art. 84).

Cependant le gouvernement républicain, lui aussi, devait ne pas tarder à rendre hommage à cette condition essentielle de l'existence des sociétés humaines, à savoir que nul ne peut être libre de méconnaître les principes de la morale, les garanties sociales et politiques, le respect dû aux lois. C'est sous l'empire de ces grands principes tutélaires qu'intervint la loi du 27 juillet 1849, qui fut une première réaction et un retour marqué vers les lois anciennes et surtout vers la loi du 9 septembre 1835, à laquelle on emprunta une foule de dispositions. Cette loi, divisée en trois chapitres, traite des délits et des cautionnements. Les deux premiers chapitres reproduisent et étendent diverses dispositions antérieures relativement aux attaques, aux provocations coupables et aux publications interdites; l'article 6 soumet à l'autorisation préfectorale les colporteurs et les distributeurs. Le chapitre III est consacré à la poursuite et règle la procédure devant le jury.

Cette loi se compléta par celle du 16 juillet 1850, qui détermina le chiffre des cautionnements, rétablit, sous des conditions nouvelles de responsabilité, la loi du 28 germinal an IV, l'obligation de la signature pour les auteurs des articles de journaux ; détermina les règles à suivre pour l'acquittement des condamnations pécuniaires ; restreignit aux circulaires et professions de foi des candidats la libre circulation des imprimés pendant les vingt-cinq jours qui précèdent les élections ; et enfin soumit de nouveau au timbre (dont ils avaient été affranchis par le décret du 6 mars 1848) tous les journaux périodiques, sauf quelques exceptions, et en fixa les droits en les cumulant avec ceux de poste et les transformant en timbre d'affranchissement.

IX

DEUXIÈME EMPIRE

Dissolution de l'Assemblée nationale.

Telle était la législation sur la presse, lorsque, le 2 décembre 1851, le président de la République décréta la dissolution de l'Assemblée nationale et convoqua le peuple français dans ses comices.

Si, pendant le règne de sa liberté illimitée,

la presse avait, à de belles exceptions près, commis quelques écarts, égaré l'opinion, trop battu en brèche le principe d'autorité ; si elle n'avait pas toujours été digne de sa haute et sainte mission, de sa dictature intellectuelle et morale, disons qu'une triste expiation l'attendait en 1852.

En reconnaissant et confirmant les grands principes de 1789, la Constitution de 1852 ne comprit pas, dans l'art. 26, *la liberté de la presse au nombre de celles qui sont au-dessus des lois et que le Sénat doit protéger contre toute atteinte ;* elle ne reproduisit pas non plus, à l'exemple des précédentes constitutions, la *disposition abolitive de la censure.*

De semblables omissions ne faisaient rien augurer de bon pour la presse.

Le décret du 17 février 1852, qui détermina le régime sous lequel elle devait vivre désormais, appartient à la période dictatoriale pendant laquelle le président de la République concentra momentanément dans ses mains la puissance législative et les attributions du pouvoir exécutif.

Ce décret, dont nous négligerons les dispositions accessoires, a ressuscité l'*autorisation préalable*. Non-seulement aucun journal ou écrit périodique traitant de matières politiques ou d'économie sociale ne peut être créé ou publié *sans l'autorisation préalable du gouvernement*, mais cette autorisation est *pareillement nécessaire* à raison de tous changements opérés *dans le personnel des gérants, rédacteurs en chef, propriétaires ou administrateurs d'un journal.*

C'est-à-dire que le décret a soustrait au droit commun la faculté de créer ou d'acheter un journal, puisqu'il soumet à l'autorisation discrétionnaire du pouvoir exécutif l'acte par lequel les citoyens constitueraient ou se transmettraient cette propriété.

Une autorisation du gouvernement est également exigée pour faire circuler en France les journaux politiques ou d'économie sociale publiés à l'étranger.

Quant à la répression, elle peut être judiciaire ou administrative.

La répression judiciaire est exercée par les tribunaux de police correctionnelle auxquels est désormais restituée la connaissance

1° de tous les délits commis par la voie de la presse ou tout autre moyen de publication mentionné dans l'art. 1er de la loi du 17 mai 1819 et qui avaient été attribués par les lois antérieures à la compétence des cours d'assises; 2° des contraventions sur la presse prévues par les lois antérieures ; 3° des délits et contraventions édictés par le présent décret.

La répression administrative est exercée par le pouvoir exécutif ou ses agents. Elle consiste dans la *suspension* et la *suppression* des journaux.

Aux termes de l'art. 32 du décret du 17 février 1852, le gouvernement peut *suspendre* un journal 1° après une condamnation prononcée pour *contravention* ou *délit* de presse contre le gérant responsable, et pendant les deux mois qui suivent cette condamnation ; 2° alors même qu'il n'a été l'objet d'aucune condamnation, mais après deux avertissements motivés, et pendant un temps qui ne pourra excéder deux mois.

D'après le même décret, la *suppression* du journal a lieu de plein droit ou elle est facultative.

Elle a lieu de plein droit lorsque les gérants ont encouru une condamnation soit pour *crime* commis par la voie de la presse, soit deux condamnations pour délits et contraventions commis dans l'espace de deux années.

Elle est facultative 1° après une condamnation prononcée pour contravention ou délit de presse contre le gérant responsable et pendant les deux mois qui suivent cette condamnation; 2° après une suspension judiciaire ou administrative, ou même par *mesure de sûreté générale*, mais par un décret spécial de l'empereur.

Enfin, il est interdit de rendre compte des procès pour délits de presse. La poursuite pourra seulement être annoncée et le jugement publié.

Telles sont les principales dispositions qui ont pour objet de réglementer la presse périodique.

Autorisation préalable,

Avertissements,

Suspensions,

Suppressions,

Tribunaux correctionnels,

Interdiction du compte-rendu des débats en matière de délits de presse,

C'est en ces quelques mots que peut se résumer la nouvelle législation.

On l'a fait remarquer avec raison, « il a fallu que la révolution de 1848 convainquit tout le monde des dangers de la liberté à peu près illimitée de la presse pour qu'il devînt possible d'y mettre de semblables restrictions; avant cette expérience, tout gouvernement qui aurait essayé de le faire aurait échoué ou risqué son existence (1). »

Elle est loin de nous l'époque où l'on disait : « Il faut à la presse politique un champ de bataille toujours ouvert (2); elle a droit d'y appeler tour à tour les rois, les peuples, les hommes qui influent sur les destinées des nations, tous ceux qui s'élèvent ou s'abaissent aux yeux du public. La seule arme qui lui soit interdite, c'est la diffamation

(1) M. Delahaye, *de la Liberté des cultes*, page 347.

(2) M. Crémieux, *Code constitutionnel*, page 270.

et l'injure ; la seule limite qu'elle rencontre, c'est la vie privée. »

Et où l'on ajoutait : « La presse politique ne peut avoir qu'un juge, le jury..... C'est là, mais là seulement que peut être la défense, parce que là seulement est la justice.....

» Et remarquez bien que l'acquittement est un avertissement pour le pouvoir, la condamnation un avertissement pour le journal. Acquitté, le journal peut dire : J'étais la véritable expression de l'opinion publique. Condamné, il n'a qu'à reconnaître son erreur (1). »

Aujourd'hui, les organes de la presse se montreraient assurément plus modestes. Ils s'estimeraient heureux, nous en sommes sûr, d'être jugés par les tribunaux correctionnels, à la condition d'échapper au *pouvoir discrétionnaire* et par conséquent *arbitraire* du pouvoir exécutif. Non pas que nous méconnaissions les ménagements, les tempéraments que celui-ci a apportés dans l'exécution du décret du 17 février 1852; mais le régime

(1) M. Crémieux, *Code constitutionnel*, p. 270.

égal, quel qu'il soit, est, sans contredit, préférable à un régime exceptionnel.

Qui nierait que la presse a pu avoir des torts et commettre des fautes à certaines époques? Mais ces fautes sont largement expiées, et il est temps de se souvenir qu'elle a eu aussi des jours glorieux; que, par son patriotisme, son talent et sa probité, elle a souvent servi et soutenu l'honneur du pays.

. . . Les lignes qui précèdent étaient écrites et imprimées lorsque le Corps législatif a voté *à l'unanimité* une loi par laquelle le gouvernement a voulu, sans changer les bases du décret organique sur la presse, en adoucir certaines dispositions :

1° Désormais, un journal condamné deux fois pour délits ou contraventions, ne sera plus, comme auparavant, supprimé de plein droit ;

2° Le gouvernement n'a plus la faculté qu'il avait de prononcer soit la suspension temporaire, soit la suppression d'un journal après une condamnation prononcée pour contravention ou délit de presse contre le gérant responsable de ce même journal ;

3° Enfin, tout avertissement donné en vertu du paragraphe 3 de l'article 32 du décret du 17 février 1852 sera périmé deux ans après sa date.

Cette loi est, sans nul doute, un adoucissement apporté au décret de 1852, et dont nous devons savoir gré à l'Empereur ; mais il serait difficile de la considérer, avec M. Nogent-Saint-Laurent, comme une continuation du mouvement libéral inauguré par le décret du 24 novembre 1860.

La presse, en effet, ne cesse pas d'être sous la dépendance absolue du gouvernement, puisqu'aux termes du dernier paragraphe de l'article 32, un journal peut être *supprimé* soit après une suspension judiciaire ou administrative, soit *par mesure de sûrete générale*, par un décret impérial publié au *Bulletin des lois*.

LIBERTÉ PARLEMENTAIRE

I

La liberté parlementaire ne doit pas être entendue dans un sens restrictif; elle ne signifie pas seulement que les membres d'une assemblée nationale sont inviolables, qu'ils ont le droit d'exprimer librement leur opinion sans qu'en aucun temps ils puissent être recherchés, accusés, ni jugés à cet égard; que l'enceinte dans laquelle ils parlent et délibèrent doit être ouverte au public; que les débats, les discussions qui s'y produisent entrent dans le domaine de la presse, à qui il appartient de les reproduire et de les apprécier.

Cette liberté, il faut la considérer d'un point de vue encore plus élevé, en ce sens qu'elle se lie d'une manière intime au degré de pouvoir, d'indépendance, que la Constitution ou les lois organiques ont attribué à cette assemblée. — Le pouvoir législatif a-t-il des droits, des attributions qui ne laissent pas au pouvoir exécutif une force suffisante? La liberté parlementaire est trop grande et expose le pays aux mêmes dangers que si le pouvoir législatif était lui-même désarmé. — L'essentiel, c'est que les deux pouvoirs se pondèrent de telle façon que l'un soit assez fort pour opposer une barrière aux empiétements de l'autre, mais pas assez pour empiéter lui-même.

Voyons si ces conditions ont été remplies par les nombreuses Constitutions que nous avons eu et si elles le sont aujourd'hui.

Pour rendre plus efficace la participation de la représentation nationale au gouvernement du pays, la Constitution de 1791 concentra cette représentation dans une assemblée unique, permanente, non susceptible de dissolution et dont les lois n'étaient subordonnées qu'à un simple *veto* suspensif de la part du roi.

En affaiblissant ainsi outre mesure le pouvoir royal, l'Assemblée Constituante amena le règne de la Convention qui finit par faire de la Terreur le titre et l'instrument d'une autorité sans limites.

Une réaction devait avoir lieu, et elle ne tarda pas à se manifester.

Le souvenir des excès de la Convention dicta, en effet, la Constitution de 1795, qui fut un retour à des idées plus raisonnables, plus conformes aux conditions de toute sociabilité.

La représentation nationale fut partagée entre deux Chambres, qui se contrôlaient l'une par l'autre : le Conseil des Cinq-Cents, auquel appartint exclusivement la proposition des lois; et le Conseil des Anciens, qui avait le droit de refuser d'approuver les résolutions du Conseil des Cinq-Cents lorsqu'elles n'avaient point été prises dans les formes prescrites par la Constitution.

Mais l'expérience prouva bientôt que le pouvoir exécutif, dans la personne des cinq directeurs, n'était point encore organisé sur des bases suffisamment solides. Le Directoire fut, en effet, un temps de désordre, de violences intérieures, et un coup de main suffit pour renverser sans obstacle un ordre de choses dont la chute n'inspira aucun regret public.

La révolution de 1789 avait frappé le pouvoir royal.

La révolution du 18 brumaire frappa le pouvoir populaire.

Avec le Consulat et la Constitution de l'an VIII commença la prédominance du pouvoir exécutif.

La représentation nationale fut fractionnée, non plus en deux corps seulement, comme sous le Directoire, mais en trois corps, ayant des attributions, des prérogatives, des conditions d'existence tout à fait distinctes :

Le Corps législatif,

Le Sénat,

Le Tribunat.

La proposition des lois fut confiée au gouvernement seul.

Le Corps législatif était *muet* et votait, sans pouvoir les amender, les projets de loi qui étaient débattus devant lui par les orateurs du Tribunat et du gouvernement.

Le Tribunat, d'abord composé de cent membres, eut de belles attributions ; mais il ne tarda pas à être en butte aux attaques du pouvoir exécutif, qui le démolit pièce à pièce

Le sénatus-consulte organique du 16 thermidor an X donna au Sénat le droit de dissoudre le Tribunat par un simple sénatus-consulte, et de le recomposer en entier. — Bien plus, il réduisit ses membres au nombre de cinquante.

En l'an XII, le Tribunat est destitué du droit de nommer son président.

Enfin, un sénatus-consulte du 19 août 1807 *supprima* ce corps déjà si mutilé.

Quant au Sénat, il perdit, lui aussi, le droit de nommer son président, et il ne jouit d'aucune liberté réelle. — Jamais discussion sérieuse ne l'anima. — Tout s'obtenait par ordre de l'empereur et sur un rapport qui était toujours une apologie.

C'est ainsi qu'à force d'augmenter et d'étendre le pouvoir exécutif, d'affaiblir et de disséminer la représentation nationale (1), les

(1) M. Odilon-Barrot, *Code constitutionnel*, p. 8.

choses étaient portées à ce point qu'en 1813 l'empereur avait pu dire avec assez de vérité, en présence des députés du Corps législatif mandés vers lui : « Le seul représentant de la nation, c'est moi ! »

II

La révolution du 2 décembre 1851 présente plus d'une analogie avec celle du 18 brumaire et dans ses causes et dans ses effets.

Aussi, à peine le prince Louis-Napoléon Bonaparte s'était-il saisi du pouvoir, qu'il s'empressa de prendre pour modèle les institutions consacrées par la Constitution de l'an VIII, tout en tenant compte des modifications dont l'expérience et les circonstances nouvelles avaient fait reconnaître la nécessité. « Puisque la France, dit-il, ne marche, depuis cinquante ans, qu'en vertu de l'organisation administrative, militaire, judiciaire, religieuse, financière du Consulat et de l'Empire, pourquoi n'adopterions-nous pas les institutions politiques de cette époque ? — Créées par la même pensée, elles doivent porter en elles le même caractère de nationalité et d'utilité pratiques. »

Le président de la République pensa donc que, pour raffermir la société ébranlée, pour élever la France à un haut degré de prospérité et de grandeur, il fallait non seulement qu'un pouvoir unique apportât au maniement des affaires des vues d'ensemble et d'avenir. mais qu'il était indispensable que ce pouvoir fût fort, libre et sans entraves. C'est dominé par cette opinion que le chef de l'État rejeta la responsabilité de ses ministres pour l'assumer tout entière, considérant ses ministres comme ne devant être que les auxiliaires honorés et puissants de sa pensée ; qu'il destitua le Corps législatif de *toute initiative ;* que le droit d'amendement fut soumis à un circuit de formes qui devait le paralyser ; qu'il interdit aux journaux le compte-rendu des Chambres, ne leur permettant de publier que le résumé officiel des séances du Corps législatif, rédigé sous la haute surveillance du président de cette Assemblée.

Certes, nous sommes loin de dire que ces mesures, ou quelques-unes d'entre elles, ne fussent pas justifiées par les circonstances dans lesquelles on se trouvait ; mais elles excitèrent de vives alarmes au point de vue du maintien d'une sage liberté, et ces alarmes ne firent que s'accroître après la publication du sénatus-consulte du 7 novembre 1852, qui effaça les dernières traces du gouvernement républicain, en établissant l'Empire.

On craignait que Napoléon III subît les mêmes entraînements que Napoléon Ier, que nos libertés disparussent au fur et à mesure que le pouvoir exécutif s'élevait en augmentant sa puissance.

Les différents partis pronostiquaient l'arbitraire le plus absolu : les uns parce qu'ils l'appréhendaient sérieusement, les autres parce qu'ils le désiraient pour le triomphe de leur cause.

III

Le Corps législatif de 1852 n'avait pas été, comme celui de l'an VIII, condamné au *si-*

lence, mais il était dépourvu d'initiative, presque privé du droit d'amendement, tant ce droit se trouvait circonscrit dans d'étroites limites; n'ayant pas en face de lui des ministres, il ne pouvait plus interpeller le gouvernement sur tous les actes de la politique intérieure et extérieure; la publicité de ses séances était étouffée sous le compte-rendu officiel, reflet pâle, incomplet et toujours inanimé des débats d'une assemblée. Tout cela n'était que trop vrai, mais enfin le Corps législatif avait le droit de discuter et de voter les projets de loi et *l'impôt.*

Le Sénat était encore moins favorisé que le Corps législatif sous le rapport de la publicité : ses portes étaient fermées, et le *Moniteur* ne donnait pas toujours le compte-rendu de ses séances; mais le Sénat avait un droit d'initiative dans celui de poser les bases de projets de loi d'un grand intérêt national ; c'était à lui qu'il appartenait de proposer des modifications à la Constitution, ainsi que de recevoir les pétitions des citoyens, de les apprécier, d'exprimer son opinion sur les plaintes qu'elles renferment.

Si le gouvernement parlementaire n'existait pas en réalité, il y en avait le principe dans la Constitution de 1852. Ce principe devait-il périr sous toutes les restrictions dont il était enveloppé, ou bien surnagerait-il, reprenant peu à peu, par la vitalité qui lui est propre, les garanties nécessaires à son existence? Un moment on put croire que c'en était fait du pouvoir parlementaire : les travaux des deux Chambres n'avaient, en effet, aucun retentissement, n'excitaient en rien la curiosité publique; le compte-rendu passait inaperçu dans les colonnes des journaux; il semblait, en un mot, que la vie politique s'était complétement évanouie, lorsque tout à coup le *Moniteur* publia les discussions qui s'étaient engagées au sein du Sénat au sujet de pétitions sur le maintien du pouvoir temporel de la papauté. La publication de ces discours réfléchissant les mouvements, les impressions de l'assemblée, fut chose si nouvelle et si inattendue tout à la fois, qu'elle devint un véritable événement. Tout le monde voulut les lire, tout le monde les lut. Le pays, secouant un sommeil léthargique de plusieurs années, sembla se réveiller à la vie politique.

Si Napoléon III eût été le disciple de son oncle, il se serait effrayé de ce réveil, et, refoulant les aspirations du pays, il aurait vite refermé la porte qu'il venait d'entr'ouvrir. Mais l'Empereur a une perception trop délicate du sentiment public pour commettre une semblable faute. Il vit, il comprit que le pays manquait d'air, de lumière, qu'il était fatigué de la demi-obscurité qui l'enveloppait, et, agissant de son propre mouvement, sans faire une concession arrachée par la contrainte, il rendit le décret du 24 novembre 1860, qui a eu pour objet, comme on le sait, de donner aux grands corps de l'État une participation plus directe à la politique du gouvernement.

La réforme parlementaire n'est certes pas encore complète ; mais nous avons dans la publicité des débats l'instrument qui doit l'accomplir tôt ou tard. Et d'ailleurs, sommes-nous tant destitués sous ce rapport, qu'il y ait lieu de désirer beaucoup plus ? Pour nous, nous considérerions comme une chose très fâcheuse de voir renaître ces luttes passionnées qui naguère se produisaient périodiquement dans les Chambres entre les hommes qui aspiraient à posséder le pouvoir et ceux qui en avaient la possession. Ces luttes n'ont eu et n'auront jamais qu'un résultat, celui d'augmenter les partis en nombre et en influence, d'agiter les esprits, d'ébranler un pouvoir si vivement convoité.

Nous ne désirerions pas davantage qu'on rendît à la presse le droit de défigurer la physionomie des débats parlementaires, à chaque journal le droit de choisir les discours qu'il veut reproduire, de les tailler, de les couper sur son patron. C'est là une liberté qui a engendré trop d'abus pour qu'il soit souhaitable de la voir renaître.

Ce qu'il faut au pays, c'est une discussion libre et sérieuse des grands intérêts publics, au sein d'une Assemblée à laquelle sa forte organisation inspire le sentiment de son indépendance sans lui donner la tentation et la possibilité d'empiéter sur le pouvoir exécutif.

Le Corps législatif se trouve-t-il placé dans ces conditions? il nous semble qu'il y aurait bien peu à faire pour qu'il y fût.

1° Qu'on donne au Corps législatif le droit, sinon de nommer directement son président, du moins de désigner un certain nombre de candidats, parmi lesquels l'Empereur le choisira ;

2° Que le droit d'initiative lui soit attribué dans une certaine mesure, ne serait-ce que dans la forme et suivant les conditions déterminées pour le Sénat ayant à proposer un projet de loi d'un grand intérêt national ;

3° Que le droit d'amendement soit soumis à moins de formalités restrictives ; et surtout qu'il ne dépende pas du conseil d'État, mais du Corps législatif seul réuni dans ses bureaux, d'empêcher que les amendements soient soumis à une discussion publique ;

4° Enfin, que les dépenses soient votées par chapitres, et non par ministère, de telle sorte qu'il soit possible d'obtenir une diminution des demandes de crédits sur une branche de service sans rejeter l'ensemble de tous les crédits de ce même ministère, moyen extrême qui, par cela même, est impraticable.

Cette extension donnée aux pouvoirs du

Corps législatif ne compromettrait rien et donnerait à cette Assemblée un degré plus grand d'indépendance.

Dans ces conditions, la liberté parlementaire serait, suivant nous, suffisamment garantie.

LIBERTÉ ET INVIOLABILITÉ DE LA PROPRIÉTÉ

I

Le principe qui consacre les sacrifices que l'intérêt privé doit à l'intérêt public est inhérent à l'existence de la Société.

Ce principe ne fut pas oublié par la Constitution de 1791.

« La propriété, porte l'art. 17, étant un droit *inviolable* et *sacré*, nul ne peut en être privé, si ce n'est lorsque la *nécessité publique*, légalement constatée, l'exige évidemment et sous la condition d'une juste et préalable indemnité. »

Ce principe a été successivement répété par la Constitution de 1793 (art. 19), par celle de 1795 (art. 15), par la Charte de 1814 (art. 8), par la Charte de 1830 (art. 9), par la Constitution de 1848 (art. 11), par celle de 1852 (art. 26).

La Constitution de l'an VIII est la seule qui se taise sur un point aussi grave.

Il serait injuste, cependant, de ne pas reconnaître que le Code civil répara bientôt, en répétant la règle, l'omission qu'avait faite la Constitution de l'an VIII.

Ce Code édicte, en effet (art. 545), « que nul ne peut être contraint de céder sa propriété, si ce n'est pour cause d'UTILITÉ PUBLIQUE et moyennant une juste et préalable indemnité. »

Il importe de remarquer que le législateur de 1789 voulait qu'il y eût *nécessité*, tandis que celui de 1803 s'est contenté de l'*utilité publique*.

Quoi qu'il en soit, l'expropriation pour cause d'utilité publique s'opère par autorité de justice, et les tribunaux ne peuvent prononcer l'expropriation qu'autant que l'*utilité en a été constatée et déclarée* dans les formes prescrites par la loi.

Or, quelles sont ces formes ?

Elles consistent (loi du 31 mai 1841) :

1° Dans la loi ou l'ordonnance royale qui autorise l'exécution des travaux pour lesquels l'expropriation est requise ;

2° Dans l'acte du préfet qui désigne les localités ou territoires sur lesquels les travaux doivent avoir lieu, lorsque cette désignation ne résulte pas de la loi ou de l'ordonnance royale ;

3° Dans l'arrêté ultérieur par lequel, après enquête, le préfet détermine les propriétés particulières auxquelles l'expropriation est applicable.

On le voit donc, la première et la plus essentielle condition à laquelle la loi subordonne l'expropriation, c'est que les travaux soient autorisés par une loi ou par une ordonnance.

Mais est-ce à dire que l'autorisation des travaux puisse être l'objet, soit d'une loi, soit d'une ordonnance indistinctement, suivant la volonté du pouvoir exécutif? Telle n'avait pas été l'opinion du législateur, car la loi du 3 mai 1841 a pris soin de déterminer (art. 3) dans quels cas une loi doit intervenir, dans quels cas il suffit d'une ordonnance.

Cet art. 3 est ainsi conçu : « Tous grands

travaux publics, routes royales, canaux, chemins de fer, canalisations de rivières, bassins et docks entrepris par l'État, les départements, les communes ou par les compagnies particulières, avec ou sans aliénation de domaine public, ne pourront être exécutés *qu'en vertu d'une loi* qui ne sera rendue qu'après une enquête administrative.

» Une ordonnance royale suffira pour autoriser l'exécution des routes départementales, celle des canaux et chemins de fer *d'embranchement* de moins de 20,000 mètres de longueur, des ponts et de tous autres travaux de moindre importance.

» Cette ordonnance devra également être précédée d'une enquête.

» Ces enquêtes auront lieu dans les formes déterminées par un réglement d'administration publique. »

Ces dispositions si claires, si nettes et si protectrices tout à la fois se complétaient par l'art. 10 de la loi du 21 avril 1832, qui porte ce qui suit :

« Nulle création, aux frais de l'État, d'une route, d'un canal, d'un grand pont sur un fleuve ou sur une rivière, d'un ouvrage important dans un port maritime, d'un édifice ou d'un monument public, ne pourra avoir lieu, à l'avenir, qu'en vertu d'*une loi spéciale* ou d'*un crédit ouvert à un chapitre spécial du budget*. »

II

De la combinaison des lois du 21 avril 1832 et 3 mai 1841, il résultait donc :

Qu'il n'appartenait qu'à *la loi seule* d'autoriser ou d'ordonner les grands travaux d'utilité publique ;

Que l'autorisation royale suffisait, il est vrai, pour les routes départementales, pour les chemins de fer d'embranchement ayant une longueur moindre de vingt kilomètres, pour les ponts et autres travaux *de moindre importance*, mais sans dépasser cet étroit programme ;

Enfin, que nulle création aux frais de l'État ne pouvait avoir lieu qu'en vertu d'une loi spéciale ou d'un crédit ouvert au budget.

Ces prescriptions législatives étaient la consécration du principe écrit dans la Charte de 1830, à savoir qu'aucun impôt ne peut être établi ni perçu s'il n'a été consenti par les deux Chambres et sanctionné par le roi. — C'est en vain que, dans ces derniers temps, on a voulu considérer ces prescriptions législatives comme constituant un empiétement du pouvoir parlementaire sur le pouvoir exécutif. — Chacun de ces pouvoirs avait, au contraire, une limite aussi bien définie qu'elle était légale. — A l'un il appartenait d'ordonner, d'autoriser ; à l'autre de faire exécuter.

« Mais, a-t-on ajouté (1), la rapidité et la simplicité d'action sont aussi indispensables pour un grand pays que pour un grand pouvoir ; la nécessité des formes législatives ralentissait beaucoup les grandes entreprises. Pendant combien d'années n'a-t-elle pas retardé la création de nos chemins de fer, au grand détriment de la prospérité et de la sécurité nationales ! »

(1) Exposé des motifs du sénatus-consulte du 25 décembre 1852.

Certes, nous ne nions pas que la volonté *d'un seul* est plus facile à mettre en mouvement que la volonté d'une assemblée quelconque ; que sous l'impulsion d'une volonté individuelle il soit plus facile, d'ouvrir de grands chantiers, d'aborder les grandes entreprises que lorsqu'il y a nécessité d'obtenir l'expression de la volonté collective des membres d'un corps délibérant.

Nous serions impardonnable de méconnaître une vérité si vraie ; mais la dévolution faite au pouvoir exécutif d'ordonner, d'autoriser, de *sa pleine et seule autorité*, tous les travaux d'utilité publique, toutes les entreprises d'intérêt général ne porte-t-elle pas quelque peu atteinte à ce respect dû au droit de la propriété privée, droit que les législateurs n'ont cru pouvoir mieux honorer et consacrer qu'en le plaçant au rang des droits publics (art. 26 de la Constitution de 1852) ? — N'y a-t-il pas à craindre, d'ailleurs, que, quelque bien intentionné que soit le pouvoir exécutif, il se laisse entraîner sur une pente si facile, que, de décrets en décrets, il engage les finances du pays dans des proportions qui n'eussent pas été admises par des députés dont le mandat est soumis au contrôle de leurs commettants ?

Ces considérations, auxquelles il serait facile d'en ajouter beaucoup d'autres non moins péremptoires, n'ont pas arrêté le Sénat, lorsqu'en 1852 il a rendu le sénatus-consulte portant interprétation et modification de la Constitution du 14 janvier 1852.

D'après ce sénatus-consulte (art. 4), « tous les travaux d'utilité publique, notamment ceux désignés par l'art. 10 de la loi du 21 avril 1832 et l'art. 3 de la loi du 3 mai 1841, toutes les entreprises d'intérêt général sont ordonnés ou autorisés par *décrets de l'empereur*.

» Ces décrets sont rendus dans les formes prescrites pour les réglements d'administration publique.

» Néanmoins, si ces travaux et entreprises ont pour condition des engagements ou des subsides du Trésor, le crédit devra être accordé ou l'engagement ratifié par une loi avant la mise à exécution.

» Lorsqu'il s'agit de travaux exécutés pour

le compte de l'État et qui ne sont pas de nature à devenir l'objet de concessions, *les crédits peuvent être ouverts, en cas d'urgence, suivant les formes prescrites pour les crédits extraordinaires* : ces crédits seront soumis au Corps législatif dans sa plus prochaine session. »

Cette nouvelle législation a été le renversement complet de l'ancienne. — Autrefois, comme nous l'avons rappelé, c'était une loi ou une ordonnance qui autorisait les travaux d'utilité publique, suivant que ces travaux avaient plus ou moins d'importance. — Aujourd'hui, l'autorisation n'émane que de l'empereur seul, qui manifeste sa volonté par un décret rendu dans les formes prescrites pour les réglements d'administration publique.

Il est un cas, cependant, dans lequel la seule volonté de l'empereur n'est pas suffisante, c'est lorsque les travaux et entreprises ont pour condition des engagements ou des subsides du Trésor. Dans ce cas, la sanction de ces engagements ou de ces subsides doit être demandée au Corps législatif; mais cette limitation du pouvoir est plus apparente que réelle, car, lorsqu'il s'agit de travaux exécutés pour le compte de l'État et qu'il y a urgence, l'empereur a le droit de devancer l'expression de cette sanction en faisant ouvrir des *crédits extraordinaires.*

Ces crédits sont assurément soumis au Corps législatif dans sa plus prochaine session ; mais l'affaire se trouve engagée, des dépenses sont déjà faites, et il devient bien difficile au Corps législatif de ne pas approuver même des entreprises qu'il n'eût point autorisées à la suite d'un examen préalable à la mise en train (1).

Voilà quel est l'état de la législation en cette matière. — Cette législation, nous la faisons connaître, nous la signalons à l'atten-

(1) M. le marquis de Talhouet a dit dans le cours de la discussion du budget : « La commission chargée d'examiner le projet de loi qui vous a été soumis (celui relatif aux crédits supplémentaires et extraordinaires de 1861) a exprimé ses regrets, comme les années précédentes, de l'élévation des crédits supplémentaires et extraordinaires qui viennent sans cesse influer sur l'équilibre du budget. — Mais le point sur lequel je tiens à insister, c'est qu'un grand nombre de crédits qui y figurent ne sont ni urgents ni imprévus, et la meilleure preuve qu'il serait facile de les soumettre en

tion publique plutôt que nous ne la discutons.

Nous n'ignorons pas que ce droit qui appartient à l'empereur de décréter les grands travaux d'utilité publique, il le puise dans la Constitution que nous respectons telle qu'elle est.

III

Mais cette Constitution est perfectible ; son auteur lui-même a d'avance ouvert la porte aux modifications que l'expérience indiquerait comme bonnes. — La discussion est donc non-seulement permise, mais provoquée, puisqu'elle seule peut constater la valeur de l'expérience.

Or, nous disons que de l'expérience résulte la preuve que la propriété n'est pas suffisam-

temps utile à vos délibérations, c'est qu'un grand nombre des décrets qui les approuvent sont rendus à la veille de la réunion des chambres ou au lendemain de la fin de la session. — *Le rôle de votre commission se trouve ainsi réduit à vous proposer d'approuver des faits accomplis qui auraient pu donner lieu à une utile discussion.* »

ment garantie contre l'expropriation pour cause d'utilité..... de *nécessité publique*, comme on disait en 1791.

Ce qui se passe à Paris n'est-il pas la confirmation la plus éclatante de notre opinion ? A quoi bon se livrer à de longs discours quand les faits parlent d'eux-mêmes? Assurément ce serait se montrer injuste envers l'administration de la ville de Paris que de ne pas la remercier de ces magnifiques et grandioses travaux qui ont renouvelé l'aspect de la capitale, en apportant dans toutes les directions l'air et la lumière. — Nul plus que nous n'a applaudi à ces utiles améliorations. — Mais l'administration saura-t-elle s'arrêter? A voir les ruines qui s'amoncèlent autour de nous, le doute est tout au moins permis. — Tant que la pioche du démolisseur s'est attaqué à des ruelles sombres, infectes et dangereuses, pour les transformer en de larges voies de communication, rien de mieux; mais cette pioche devient impitoyable, et nous l'avons vu attaquer les quartiers les mieux bâtis, renverser les plus beaux hôtels.

Sans doute il faut agrandir Paris, car les

nombreuses lignes de chemins de fer qui y aboutissent augmentent chaque année le chiffre de la population, mais n'y procède-t-on pas avec trop de précipitation? n'y a-t-il pas lieu de craindre qu'en déplaçant tant d'intérêts, on les froisse, on les compromette même? Au lieu de prévenir les besoins d'agrandissement, il serait peut-être plus prudent de leur donner satisfaction au fur et à mesure qu'ils se produisent, de telle sorte que cet agrandissement fût l'œuvre du temps et toujours proportionné au mouvement de concentration dont la capitale serait l'objet.

La propriété doit être non-seulement libre, mais *inviolable.* — La propriété est une condition fondamentale de la société et toute atteinte qui lui est portée est un ébranlement pour la société elle-même. — Donc c'est au gouvernement à donner l'exemple de cette inviolabilité. — A cet égard nous ne pouvons nous empêcher de manifester le regret d'avoir vu des suppressions de journaux, des retraits de brevet d'imprimeur. — Ce sont des mesures que la loi permet, sans doute, mais qu'elle ne devrait pas permettre, parce qu'elles blessent le sentiment public et qu'elles dépassent les limites dans lesquelles il importe de circonscrire une sévère mais juste répression (1).

(1) Il paraît cependant que, par une disposition bienveillante de l'administration, les imprimeurs et libraires auxquels on a retiré leurs brevets ont été admis à présenter chacun un successeur.

LIBERTÉ COMMUNALE

I

Les guerres lointaines des Croisades qui, dans le douzième siècle, appauvrirent la noblesse, furent le signal de la résurrection des libertés communales. Nous disons résurrection, parce que le caractère distinctif de nos institutions municipales, c'est qu'elles ont un droit primitif et naturel dont le germe, vigoureusement implanté dans les cités gauloises, dans les municipes romains, s'est perpétué jusqu'à nos jours à travers les temps d'oppression les plus déplorables de notre histoire. Ce fut alors que naquit cette classe moyenne appelée bourgeoisie, qui, à force de travail et de patience, parvint à racheter des seigneurs quelques-uns des droits des anciennes cités.

« Ces espèces de franchises (1), appelées *chartes des communes*, avaient surtout pour objet d'abolir la servitude personnelle et les taxes ; de consacrer le principe de l'élection des officiers municipaux désignés, selon les époques, sous les noms d'anciens, d'édiles, de décemvirs, de consuls, d'échevins, de maires, etc.; de donner au pouvoir municipal la gestion des intérêts de la commune, l'administration de la justice, la police de la cité et l'organisation de la garde civique.

» Provoquée par Louis le Gros, plus peut-être dans la vue d'affaiblir la puissance des seigneurs que dans l'intérêt du peuple, cette heureuse révolution fut encore encouragée par Philippe-Auguste, saint Louis, Philippe le Hardi et Philippe le Bel. On peut dire que de leurs règnes date le rétablissement des communes. »

L'institution des communes n'était autre que le gouvernement du pays par lui-même.

(1) *Code constitutionnel*, p. 464.

S'il y avait alors en France quelques établissements d'utilité publique, quelques traces de progrès, quelques grandes routes, quelques colléges, quelques écoles publiques où l'on puisait l'instruction, c'est aux communes qu'on le doit (1). A la noblesse et au clergé les emplois, les honneurs, les dignités ; à la commune les lourdes charges de l'État. Et cependant, en échange de ses immenses services, le commun-État ne demandait qu'une chose : la reconnaissance du principe actuel et incontesté des sociétés modernes, l'égalité devant la loi.

Cette égalité, ces franchises si chèrement acquises ne furent pas toujours respectées par les rois, surtout lorsque ceux-ci, ayant réfréné la puissance des seigneurs, crurent n'avoir plus besoin d'auxiliaires.

Les officiers municipaux se virent, en 1563, dessaisis de l'administration de la justice civile, et, bientôt après, de la juridiction criminelle ; mais le coup le plus fatal leur fut

(1) Voyez *Organisation communale*, par M. Jules Brisson, p. 8.

porté en 1771 : un édit du roi abrogea l'élection municipale ; un maire et des assesseurs royaux furent imposés à toutes les municipalités du royaume.

Un des premiers soins de l'Assemblée constituante fut de réorganiser les municipalités sur les bases les plus libérales ; le maire, comme les officiers municipaux, durent être l'expression du suffrage universel.

Mais les communes ne conservèrent pas longtemps le plein exercice de leurs prérogatives.

La loi du 28 pluviôse an VIII investit les préfets du droit :

1° De *nommer* et de suspendre de leurs fonctions les *conseillers municipaux* ;

2° De *nommer* et de suspendre de leurs fonctions les *maires* et *adjoints* dans les villes dont la population était au-dessous de cinq mille habitants.

Les maires et adjoints des villes plus populeuses étaient nommés par le premier consul ; mais leur existence administrative n'en était pas moins précaire, subordonnée au pouvoir exécutif.

Cette loi déclara en même temps que le conseil général du département de la Seine, *nommé par le premier consul*, remplirait à Paris les fonctions de conseil municipal.

Le département absorba ainsi la commune; c'était là toute l'économie de la constitution de l'an VIII, non seulement à l'égard de Paris, mais à l'égard des autres communes du royaume ; de sorte qu'à vrai dire il n'y avait en France qu'une seule municipalité, dont le maire était le chef de l'État et dont les adjoints étaient les préfets et les sous-préfets.

Tel est le régime que trouva la Restauration, et qu'elle maintint à quelques modifications près.

La révolution de Juillet, qui s'était accomplie au cri de *liberté*, ne pouvait pas s'accommoder de cet état de choses.

L'organisation et l'administration municipales devinrent l'objet des lois des 21 mars 1831, 20 avril 1834 et 18 juillet 1837.

L'élection populaire fut rendue.

Les conseillers municipaux, en effet, durent être élus par l'assemblée des électeurs communaux, et ces assemblées se composaient de citoyens pris parmi les plus imposés et les notabilités, dont le nombre devait être égal au dixième de la population de la commune.

Les maires et les adjoints étaient nommés par le roi, ou en son nom par le préfet, mais *à la condition d'être choisis parmi les membres du conseil municipal* dont ils ne cessaient pas de faire partie.

Quant à Paris, le conseil municipal se composa de trente-six membres *qui étaient élus par les douze arrondissements* pour faire partie du conseil général du département de la Seine, du préfet de la Seine, du préfet de police, des maires et adjoints, lesquels *étaient choisis par le roi*, pour chaque arrondissement, *sur une liste de douze candidats nommés par les électeurs de l'arrondissement.*

La révolution de 1848 fit un pas en avant et un pas en arrière ; les conseillers municipaux, il est vrai, durent être élus par tous les citoyens âgés de vingt et un ans, résidant dans la commune depuis six mois, et la loi du 3 juillet 1848 édicta *que les maires et les adjoints seraient choisis par le conseil municipal et pris dans son sein.* Mais nous devons dire cependant que la République se montra moins libérale à l'égard de la capitale de la France. Une commission municipale et départementale fut, en effet, instituée à Paris par le pouvoir exécutif pour remplacer le conseil municipal, dissous par le gouvernement provisoire, mesure d'autant plus fâcheuse qu'elle émanait d'un gouvernement qui proclamait les grands principes d'égalité et de souveraineté du peuple.

II

Aujourd'hui, nous sommes sous l'empire de la loi du 5 mai 1855, qui nous a ramenés au régime de l'an VIII, et même en l'aggravant, en ce qui concerne la nomination des maires et des adjoints qui peuvent être pris *en dehors du conseil municipal*, tandis que, d'après la loi du 28 pluviôse, ils devaient l'être dans la *liste communale*, c'est-à-dire choisis parmi un certain nombre de citoyens désignés à la confiance publique par le suffrage universel.

Aujourd'hui, comme sous le Consulat et sous l'Empire, le maire et les adjoints peuvent être suspendus par les préfets, révoqués par l'Empereur.

Les conseils municipaux peuvent également être suspendus pendant deux mois par les préfets et pendant une année par le ministre de l'intérieur.

En cas de suspension, le préfet nomme une commission pour remplir les fonctions du conseil municipal, et le nombre des membres de cette commission peut ne s'élever qu'à la moitié de celui des conseillers municipaux.

Dans la ville de Paris, dans les autres communes du département de la Seine et dans la ville de Lyon, le conseil municipal est nommé par l'Empereur, tous les cinq ans, et présidé par un de ses membres, également nommé par l'Empereur.

Le préfet de la Seine est investi d'un très grand pouvoir : il cumule avec ses fonctions propres celles de premier maire de la capitale. C'est lui qui y remplit tous les mandats attribués ailleurs aux maires, convoque le conseil municipal, prépare tous les projets soumis à ses délibérations, dresse les budgets, fait les marchés; il est, en un mot, l'administrateur de la ville et le président réel du conseil municipal.

C'est ce double caractère du préfet de la Seine et l'étendue des pouvoirs qu'il lui confère qui avaient déterminé le législateur à soumettre au contrôle et à l'examen d'une autorité supérieure les actes et la gestion de ce haut fonctionnaire. Voilà pourquoi le décret du 25 mars 1852, en autorisant les préfets à statuer *seuls* désormais sur une foule d'affaires communales et départementales qui, jusqu'alors, avaient exigé la décision de l'Empereur ou du ministre de l'intérieur, avait voulu que cette étendue de pouvoirs ne fût pas attribuée au préfet de la Seine. Mais un second décret est intervenu (celui du 11 janvier 1861), qui a, sous ce rapport, assimilé le département de la Seine aux autres parties du territoire de l'Empire, en sorte que son préfet est investi de la même action administrative que les préfets des autres départements.

Il résulte de cet exposé que la commune,

qui est la base de la nation, a presque toujours été traitée en mineure; que la plupart des gouvernements ont garotté son action; que sous le prétexte que la commune était incapable de faire ses affaires, ils se sont chargés de les faire eux-mêmes par leurs agents. Est-ce là un acte de bonne politique ? Nous sommes loin de le penser. L'association des familles forme la commune; l'association des communes forme la nation. La centralisation a pour but de cimenter cette dernière association et de fortifier l'unité nationale par l'uniformité de la législation; mais elle doit en même temps se tenir, à cet égard, dans une sage réserve et laisser aux autorités locales le plus de liberté possible (1).

Les municipalités aspirent à avoir la responsabilité de leurs actes; mais il n'y a pas de responsabilité possible sans indépendance. Or, la première condition d'indépendance d'une commune est le libre choix de

(1) Horace Say. *Paris, son octroi et ses emprunts*, p. 30.

ses magistrats. Laissez donc aux membres du conseil municipal, élus par le suffrage universel, le droit de présenter ceux de leurs collègues parmi lesquels le souverain fera choix du maire, et soyez sûrs que la liste de présentation ne comprendra que des citoyens réunissant toutes les conditions nécessaires. Le maire, ayant alors une origine indépendante, jouira d'une plus grande autorité auprès de ses administrés ; il ne sera plus considéré seulement comme un fonctionnaire dont le devoir est d'obéir aveuglément aux ordres de l'autorité supérieure, mais bien comme un magistrat populaire digne de la plus grande confiance. De là résulteront, nous ne disons pas plus de garanties dans les élections, mais plus de motifs de penser que le résultat des élections est l'expression vraie, sincère du suffrage universel.

LIBERTÉ DES CULTES

I

Le triomphe de la liberté des cultes avait été préparé par les philosophes du dix-huitième siècle, et elle fut consacrée par la Révolution.

L'Assemblée constituante proclama comme un droit imprescriptible de l'homme qu'il ne peut être inquiété pour ses opinions religieuses, pourvu que leur manifestation ne trouble pas l'ordre public.

Par suite de ce principe et de celui de la liberté individuelle, la loi constitutionnelle ne reconnut plus de vœux monastiques solennels; les ordres et congrégations réguliers de l'un et de l'autre sexe dans lesquels on faisait de pareils vœux demeurèrent supprimés; une pension fut accordée aux religieux et religieuses qui sortaient des monastères.

A la même époque, l'Assemblée nationale décréta que tous les biens ecclésiastiques étaient mis à la disposition de la nation, à la charge de pourvoir, d'une manière convenable, aux frais du culte, à l'entretien de ses ministres et au soulagement des pauvres.

Il devenait dès lors nécessaire que le législateur statuât sur la constitution civile du clergé et la fixation de son traitement.

C'est en vue de ce double objet qu'intervint la loi du 24 août 1790. Cette loi ne reconnut qu'une seule manière de pourvoir aux évêchés et aux cures, ce fut *l'élection*.

L'élection de l'évêqne ne pouvait se faire qu'un jour de dimanche, dans l'église paroissiale, à l'issue de la messe ; pour être éligible, il fallait avoir été pendant quinze ans au moins curé, desservant ou vicaire ; le nouvel évêque ne pouvait s'adresser au pape pour en obtenir aucune confirmation, mais il devait lui écrire comme au chef visible de l'Église universelle, en témoignage de l'unité de foi et de la communion qu'il importait d'entretenir avec lui.

L'institution canonique était donnée à l'évêque par le métropolitain, et au curé par l'évêque.

Avant que la cérémonie de la consécration commençât, l'élu prêtait, en présence des officiers municipaux, du peuple et du clergé, le serment solennel de veiller avec soin sur le diocèse qui lui était confié; d'être fidèle à la nation, à la loi et au roi, et de maintenir, de tout son pouvoir, la Constitution décrétée par l'Assemblée nationale et acceptée par le roi.

Tel fut ce serment constitutionnel qui souleva tant de haines et de si vives réclamations, qui établit dans le clergé français la distinction entre les prêtres assermentés et les prêtres non assermentés.

Cependant, un grand nombre d'évêques avaient vigoureusement protesté contre la constitution qui était imposée au clergé.

Enhardie par cette opposition, la cour de Rome protesta à son tour par une bulle contre la loi du 24 août 1790; dès lors, il y eut dans le clergé un schisme que l'Assemblée chercha, mais en vain, à prévenir par l'instruction du 21 janvier 1791.

« Les représentants des Français, disait-elle, fortement attachés à la religion de leurs pères, à l'Église catholique, dont le pape est le chef visible sur la terre, ont placé au premier rang des dépenses de l'Etat celle de ses ministres et de son culte ; ils ont respecté ses dogmes, ils ont assuré la perpétuité de son enseignement. Convaincus que la doctrine et la foi catholiques avaient leur fondement dans une autorité supérieure à celle des hommes, ils savaient qu'il n'était pas en leur pouvoir d'y porter la main, ni d'attenter à cette autorité toute spirituelle ; ils savaient que Dieu même l'avait établie, et qu'il l'avait confiée aux pasteurs pour conduire les âmes, leur procurer les secours que la religion assure aux hommes, perpétuer la chaîne de ses ministres, éclairer et diriger les consciences. Mais, en même temps que l'Assemblée nationale était pénétrée de ces grandes vérités, auxquelles elle a rendu un hommage solennel toutes les fois qu'elles ont été énoncées dans son sein, la Constitution, que les peuples avaient demandée, exigeait la promulgation de lois nouvelles sur l'organisation civile du clergé ; il fallait fixer ses rapports extérieurs avec l'ordre politique de l'État. . . . .

. . . . Français, vous connaissez maintenant les sentiments et les principes de vos représentants ; ne vous laissez donc plus égarer par des assertions mensongères.

» Et vous, pasteurs, réfléchissez que vous pouvez, dans cet instant, contribuer à la tranquillité des peuples. Aucun des articles de la foi n'est attaqué ; cessez donc une résistance sans objet ; qu'on ne puisse jamais vous reprocher la perte de la religion, et ne causez point aux représentants de la nation la douleur de vous voir écartés de vos fonctions par une loi que les ennemis de la Révolution ont rendue nécessaire. Le bien public en réclame l'exécution la plus prompte, et l'Assemblée nationale sera inébranlable dans ses résolutions pour la procurer. »

Quelque élevé et digne que fût un pareil langage, il ne put ramener les esprits, qui étaient peu préparés à un changement aussi brusque dans un culte qui avait de si profondes racines. Aussi, la Constitution manqua son but, et l'Assemblée, devenant à son tour intolérante, fut malheureusement entraînée à faire des lois de proscription.

Tous les ecclésiastiques assujettis au serment et qui ne l'avaient pas prêté, ou l'avaient rétracté et avaient persisté dans leur rétractation, durent sortir sous huit jours des limites du département de leur résidence; sous quinzaine du royaume.—Après ce délai, les ecclésiastiques *non assermentés* qui n'avaient pas obéi devaient être conduits de brigade en brigade jusqu'au port de mer le plus voisin et déportés à la Guyane française.

Bientôt on déporta ceux qui étaient dénoncés pour incivisme par six citoyens dans le canton.

Les déportés qui rentraient sur le territoire de la république étaient punis de mort dans les vingt-quatre heures.

La déportation, la réclusion, la mort, entraînaient la confiscation des biens.

Il serait trop long et trop triste d'énumérer tous les décrets qui furent rendus.

Les choses en arrivèrent au point que beaucoup d'églises étant sans pasteurs, le culte public fut interdit et les temples fermés.

Pendant ce temps, Robespierre proclamait officiellement l'existence de l'Être suprême et l'immortalité de l'âme, et par son fameux décret du 7 mai 1794, la Convention substituait le déisme à la religion catholique (1).

L'inauguration de ce culte officiel eut lieu avec la plus grande pompe, sous la présidence de Robespierre qui fit brûler l'athéïsme

(1) Voici ce décret :

ART. 1. — Le peuple français reconnaît l'existence de l'Être suprême et l'immortalité de l'âme.

ART. 2. — Il reconnaît que le culte digne de l'Être suprême est la pratique des devoirs de l'homme.

ART. 3. — Il met au rang de ses devoirs de détester la mauvaise foi et la tyrannie, de punir les tyrans et les traîtres, de secourir les malheureux, de respecter les faibles, défendre les opprimés, de faire aux autres tout le bien qu'on peut, et de n'être injuste envers personne.

ART. 4. — Il sera institué des fêtes pour rappeler l'homme à la pensée de la divinité et à la dignité de son être.

ART. 5. — Elles emprunteront leurs noms des événe-

au Champ-de-Mars, après un discours religieux.

Le bien naît souvent de l'excès du mal, et c'est ce qui arriva dans cette circonstance. Ce décret et toutes les scènes scandaleuses qui en furent la suite devinrent le signal de la réaction qui eut lieu contre le régime de la Terreur.

A partir de ce moment, nous n'avons à rappeler que des mesures réparatrices.

Une loi du 1er juillet 1795 suspendit la vente des biens des ecclésiastiques réclus, déportés ou sujets à la déportation, et fut suivie d'une

ments glorieux de notre révolution, des vertus les plus chères et les plus utiles à l'homme, et des plus grands bienfaits de la nature.

(Les articles 6 à 10 établissaient l'énumération de ces fêtes et traçaient les formes à suivre pour leur célébration.)

Art. 11. — La liberté des cultes est maintenue conformément au décret du 18 brumaire.

Art. 12. — En cas de trouble, dont un culte quelconque serait l'occasion ou le motif, ceux qui les exciteraient par des prédications fanatiques ou par des insinuations contre-révolutionnaires, ceux qui les provoqueraient par des violences injustes et gratuites, seront également punis selon la rigueur des lois.

autre rapportant les décrets qui, relativement à la confiscation des biens, avaient assimilé aux émigrés les ecclésiastiques déportés ou réclus, pour défaut de prestation de serment ou incivisme.

Les confiscations furent abolies.

Les ecclésiastiques rentrèrent dans tous les droits de citoyens français.

Le 19 fructidor survint, il est vrai, une loi contenant des mesures de salut public prises relativement à la conspiration royale.—Des ecclésiastiques furent déportés, mais ce n'était plus alors une mesure générale, c'était par des arrêtés soit individuels, soit collectifs, qu'ils étaient frappés. Ces arrêtés furent, d'ailleurs, promptement rapportés par une décision prise par les consuls à la date du 8 frimaire an VIII.

Les lois qui mirent un terme aux maux de l'émigration et qui, sous le Consulat, apaisèrent enfin nos discordes civiles, rendirent la France aux prêtres exilés comme à tous les autres citoyens.

Alors fut conclu le Concordat de 1801.

II

La religion catholique sortit enfin de ses ruines ; elle fut déclarée religion de la majorité ; mais, à côté d'elle, la minorité protestante et la minorité juive ne perdirent pas les droits que la Révolution avait consacrés (1).

Le Concordat stipula notamment :

Que la religion catholique, apostolique et romaine, sera librement exercée en France ; que son culte sera public, en se conformant aux réglements de police que le gouvernement jugera nécessaires pour la tranquillité publique ;

Que les nominations aux évêchés vacants seront faites par le premier consul, et que l'institution canonique sera donnée par le Saint-Siége ;

Que les évêques nommeront aux cures, mais que leur choix ne pourra tomber que sur des personnes agréées par le gouvernement ;

(1) Voy. *Code constitutionnel*, p. 318.

Que toutes les églises métropolitaines, cathédrales, paroissiales et autres non aliénées. nécessaires au culte, seront remises à la disposition des évêques ;

Que Sa Sainteté, pour le bien de la paix et l'heureux rétablissement de la religion catholique, déclare que, ni elle ni ses successeurs, ne troubleront, en aucune manière, les acquéreurs des biens ecclésiastiques aliénés, et qu'en conséquence la propriété de ces mêmes biens, les droits et revenus y attachés. demeureront incommutables entre leurs mains ou celles de leurs ayant-cause ;

Que le gouvernement assurera un traitement convenable aux évêques et aux curés dont les diocèses seront compris dans la circonscription nouvelle ;

Que Sa Sainteté reconnaît dans le premier consul de la République française les mêmes droits et prérogatives dont jouissait près d'elle l'ancien gouvernement.

Le Concordat se complète par des articles organiques qui sont l'œuvre du gouvernement seul, et qui déterminent le régime de l'Eglise catholique et des cultes protestants dans leurs rapports généraux avec les droits et la police de l'État.

En ce qui concerne l'Eglise catholique, on remarque les dispositions suivantes :

Aucune bulle, bref, rescrit, décret, mandat, provision, signature servant de provision, ni autres expéditions de la cour de Rome, même ne concernant que les particuliers, ne pourront être reçus, publiés, imprimés, ni autrement mis à exécution, *sans l'autorisation du gouvernement* ;

Les décrets des synodes, même ceux des conciles généraux, ne pourront être publiés en France avant que le gouvernement *en ait examiné la forme, leur conformité avec les lois, droits et franchises de la République française*, et tout ce qui, dans leur publication, pourrait altérer ou intéresser la tranquillité publique ;

Aucun concile national ou métropolitain, aucun synode diocésain, aucune assemblée délibérante, n'aura lieu *sans la permission expresse du gouvernement* ;

Il y aura recours au conseil d'État dans tous les cas d'abus de la part des supérieurs et autres personnes ecclésiastiques ;

Les cas d'abus sont : l'usurpation ou l'excès de pouvoir, la contravention aux lois et réglements de la République, l'infraction des règles consacrées par les canons reçus en France, l'attentat aux libertés, franchises et coutumes de l'Eglise gallicane, et toute entreprise ou tout procédé qui, dans l'exercice du culte, peut compromettre l'honneur des citoyens, troubler arbitrairement leur conscience, dégénérer contre eux en oppression, ou en injure, ou en scandale public ;

Il y aura pareillement recours au conseil d'Etat s'il est porté atteinte à l'exercice public du culte et à la liberté que les lois et les réglements garantissent à ses ministres ;

Le recours compétera à toute personne intéressée. A défaut de plainte particulière, il sera exercé d'office par les préfets ;

Le fonctionnaire public, l'ecclésiastique ou la personne qui voudra exercer ce recours, adressera un mémoire détaillé et signé au ministre des cultes, lequel sera tenu de prendre, dans le plus court délai, tous les renseignements convenables ; et, sur son rapport, l'affaire sera suivie et définitivement terminée dans la forme administrative, ou renvoyée, selon l'exigence des cas, aux autorités compétentes;

Les évêques seront chargés de l'organisation de leurs séminaires, et les réglements de cette organisation seront soumis à l'approbation du premier consul;

Ceux qui seront choisis pour l'enseignement dans les séminaires souscriront la déclaration faite en 1682 et publiée par un édit de la même année ; ils se soumettront à y enseigner la doctrine qui y est contenue, et les évêques adresseront une expédition en forme de cette soumission au ministre des cultes (1) ;

Les chapelles domestiques, les oratoires particuliers ne pourront être établis sans une permission expresse du gouvernement;

Aucune cérémonie religieuse n'aura lieu hors des édifices consacrés au culte catholi-

(1) En 1682, les évêques de France réunis à Paris déclarèrent qu'ils demeuraient inviolablement attachés à la doctrine transmise par leurs prédécesseurs sur les droits des souverains et sur leur indépendance pleine et absolue, dans l'ordre temporel, de l'autorité, soit directe, soit indirecte, de toute puissance ecclésiastique.

que dans les villes où il y a des temples destinés à différents cultes;

Les curés ne se permettront, dans leurs instructions, aucune inculpation directe ou indirecte, soit contre les personnes, soit contre les autres cultes autorisés dans l'État (1).

En ce qui concerne les cultes protestants, les articles organiques renferment des dispositions générales pour toutes les communions

(1) Voici les articles du Code pénal qui servent de sanction à cette disposition :

Art. 201. — Les ministres des cultes qui prononceront, dans l'exercice de leur ministère ou en assemblée publique, un discours contenant la critique ou censure du gouvernement, d'une loi, d'un décret impérial ou de tout autre acte de l'autorité publique, seront punis d'un emprisonnement de trois mois à deux ans. P. 40 s., 199, 200, 202 s., 260 s.

Art. 202. — Si le discours contient une provocation directe à la désobéissance aux lois ou autres actes de l'autorité publique, ou s'il tend à soulever ou armer une partie des citoyens contre les autres, le ministre du culte qui l'aura prononcé sera puni d'un emprisonnement de deux à cinq ans si la provocation n'a été suivie d'aucun effet, et du bannissement si elle a donné lieu à la désobéissance, autre toutefois que celle qui aurait dégénéré en sédition ou révolte. P. 8-1°, 28, 32, 40 s., 48, 86 s., 91 s., 201, 203 s., 313, 440.

Art. 203. — Lorsque la provocation aura été suivie d'une sédition ou révolte dont la nature donnera lieu

protestantes, ainsi que des dispositions particulières relatives à l'organisation des églises réformées.

Il nous suffira de signaler les articles qui disposent :

1° Qu'il sera pourvu au traitement des pasteurs des Églises consistoriales ;

2° Que le conseil d'État connaîtra de toutes les entreprises des ministres du culte et de

contre l'un ou l'autre des coupables, à une peine plus forte que celle du bannissement, cette peine, quelle qu'elle soit, sera appliquée au ministre coupable de la provocation. P. 91 s., 202, 206.

Art. 204. — Tout écrit contenant des instructions pastorales, en quelque forme que ce soit, et dans lequel un ministre du culte se sera ingéré de critiquer, de censurer, soit le gouvernement, soit tout acte de l'autorité publique, emportera la peine du bannissement contre le ministre qui l'aura publié. P. 8 1°, 28, 32, 48, 201, 205 s.

Art. 205. — Si l'écrit mentionné en l'article précédent contient une provocation directe à la désobéissance aux lois ou autres actes de l'autorité publique, ou s'il tend à soulever ou armer une partie des citoyens contre les autres, le ministre qui l'aura publié sera puni de la détention. (Loi 28 avril 1832.) P. 7 5°, 20, 28, 47, 91 s., 202, 206.

Art. 206. — Lorsque la provocation contenue dans l'écrit pastoral aura été suivie d'une sédition ou révolte dont la nature donnera lieu contre l'un ou plusieurs des coupables à une peine plus forte que celle de la dé-

toutes dissensions qui pourront s'élever entre ces ministres (1).

Quant au culte hébraïque, il a été organisé par un décret du 17 mars 1808 et plusieurs ordonnances d'une date postérieure.

III

La liberté des cultes avait besoin d'une

portation, cette peine, quelle qu'elle soit, sera appliquée au ministre coupable de la provocation. P. 91 s., 203, 205.

Art. 207. — Tout ministre d'un culte qui aura, sur des questions ou matières religieuses, entretenu une correspondance avec une cour ou puissance étrangère, sans en avoir préalablement informé le ministre chargé de la surveillance des cultes, et sans avoir obtenu son autorisation, sera, pour ce seul fait, puni d'une amende de cent francs à cinq cents francs, et d'un emprisonnement d'un mois à deux ans. P. 9 3°, 40 s., 52, 208.

Art. 208. — Si la correspondance mentionnée en l'article précédent a été accompagnée ou suivie d'autres faits contraires aux dispositions formelles d'une loi ou d'un décret impérial, le coupable sera puni du bannissement, à moins que la peine résultant de la nature de ces faits ne soit plus forte, auquel cas cette peine plus forte sera seule appliquée. P. 8 1°, 28, 32, 48.

(1) Sans préjudice de l'application qui peut leur être faite, comme aux ministres du culte catholique, des articles 201 à 208 inclusivement du Code pénal ci-dessus cités.

sanction pénale que renferme le Code pénal de 1810 sous la rubrique d'*Entraves au libre exercice des cultes*.

Voici ces dispositions :

Tout particulier qui, par des voies de fait ou des menaces, aura contraint ou empêché une ou plusieurs personnes d'exercer l'un des cultes autorisés, d'assister à l'exercice de ce culte, de célébrer certaines fêtes, d'observer certains jours de repos, et, en conséquence, d'ouvrir ou de fermer leurs ateliers, boutiques ou magasins, et de faire ou quitter certains travaux, sera puni, pour ce seul fait, d'une amende de seize francs à deux cents francs et d'un emprisonnement de six jours à deux mois (art. 260) ;

Ceux qui auront empêché, retardé ou interrompu les exercices d'un culte par des troubles ou désordres causés dans le temple ou autre lieu destiné ou servant actuellement à ces exercices, seront punis d'une amende de seize francs à trois cents francs et d'un emprisonnement de six jours à trois mois (art. 261) ;

Toute personne qui aura, par paroles ou

gestes, outragé les objets d'un culte dans les lieux destinés ou servant actuellement à son exercice, ou les ministres de ce culte dans leurs fonctions, sera punie d'une amende de seize francs à cinq cents francs et d'un emprisonnement de quinze jours à six mois (art. 262);

Quiconque aura frappé le ministre d'un culte dans ses fonctions sera puni de la dégradation civique. (Loi du 28 avril 1832.)

Les dispositions du présent paragraphe ne s'appliquent qu'aux troubles, outrages ou voies de fait dont la nature ou les circonstances ne donneront pas lieu à de plus fortes peines, d'après les autres dispositions du présent Code (art. 264).

Telle est la législation sur les cultes que trouvèrent les Bourbons à leur rentrée en France.

La charte octroyée par Louis XVIII proclama à son tour la liberté des cultes, mais ce ne fut pas sans certaines restrictions qui étaient de nature à réveiller d'imprudentes prétentions à une domination aussi contraire à l'esprit véritable de la religion qu'à la liberté de conscience et à la paix du royaume.

Voici quelles étaient sur ce point les dispositions de la Charte constitutionnelle de 1814 :

« Chacun professe sa religion avec une égale liberté et obtient pour son culte la même protection (art. 5).

» Cependant la religion catholique, apostolique et romaine *est la religion de l'Etat* (art. 6).

» Les ministres de la religion catholique, apostolique et romaine et ceux des autres cultes chrétiens *reçoivent seuls* des traitements du Trésor royal (art. 7). »

Ces mots *religion de l'État* n'autorisèrent que trop l'intolérance du clergé et l'espoir de voir renaître une époque qui était loin de nous.

C'est à cette intolérance qu'est due la loi du 20 avril 1825 (1), dite loi du sacrilége, violatrice de la liberté des cultes en ce que les vérités religieuses devinrent des vérités légales, et qu'elle punissait non pas seule-

(1) Elle a été abrogée par la loi du 11 octobre 1830.

ment le *crime*, c'est-à-dire l'infraction des règles de la société civile, mais le *péché*, c'est-à-dire l'infraction de la loi religieuse.

La Charte de 1830 modifia sur ce point la Charte de 1814 en édictant « que les ministres de la religion catholique, apostolique et romaine, *professée par la majorité des Français*, et ceux des autres cultes chrétiens, reçoivent des traitements du Trésor public. »

L'addition des mots *professée par la majorité des Français* était la constatation d'un fait qui ne pouvait blesser personne, et la suppression du mot *seuls* donnait au législateur la faculté de salarier les ministres des cultes non chrétiens. C'est, en effet, ce qui eut bientôt lieu ; car, dès le 8 février 1831, intervint une loi qui mit à la charge de l'Etat le traitement des ministres du culte israélite.

Dès lors, il n'y eut plus la moindre différence entre les différents cultes.

La Constitution de 1848 eut également un article pour consacrer la liberté des cultes. Il est ainsi conçu :

« Chacun professe librement sa religion et

reçoit de l'Etat, pour l'exercice de son culte. une égale protection.

» Les ministres, soit des cultes actuellement reconnus par la loi, soit de ceux *qui seraient reconnus dans l'avenir,* ont le droit de recevoir un traitement de l'Etat. »

C'était ouvrir la porte à d'autres cultes qui pouvaient se révéler, mais en réservant toutefois au législateur la faculté de les reconnaître ou non.

Quant à la Constitution de 1852, elle s'en est référée sur ce point aux principes de 1789, et a chargé le Sénat de s'opposer à la promulgation des lois qui seraient contraires ou qui porteraient atteinte à la liberté des cultes.

IV

Aujourd'hui, la liberté des cultes est-elle suffisamment assurée et garantie? Non, répondent quelques écrivains (1), au nombre desquels nous remarquons M. Delahaye, juge au tribunal de la Seine.

(1) Voy. *De la Liberté des cultes*, p. 344.

« Loin d'être libre, dit cet honorable magistrat, l'Eglise catholique est placée par les lois sous la dépendance absolue du gouvernement; elle ne peut publier et faire exécuter ses lois et ses jugements, même dans l'ordre spirituel, sans l'autorisation du gouvernement ; elle ne peut s'assembler et délibérer qu'avec l'autorisation du gouvernement. Tandis que l'erreur a liberté pleine et entière, l'Eglise, qui est l'organe de la vérité, est entravée dans tous ses mouvements, paralysée dans son action sur les âmes. »

Il y a vraiment lieu de s'étonner que l'on puisse formuler un reproche de cette nature, car jamais gouvernement ne s'est montré plus tolérant envers le clergé, si ce n'est peut-être celui de la Restauration.

Certains bons esprits ont même pensé qu'il avait trop penché de ce côté.

L'Eglise catholique n'est pas libre! Mais oublie-t-on que c'est depuis 1850 seulement que le gouvernement a permis la tenue des conciles provinciaux? On en convient, mais on ajoute que l'Eglise n'est pas plus libre qu'elle n'était auparavant, parce qu'en accordant l'autorisation, le gouvernement a cru devoir rendre un décret chaque année afin de maintenir son droit et de ne pas laisser tomber en désuétude l'article 4 du sénatus-consulte organique qui défend qu'aucun concile n'ait lieu sans la permission expresse du gouvernement. Mais, en vérité, c'est trop exiger que de demander au gouvernement d'abdiquer une des franchises gallicanes. Il serait plus juste, ce nous semble, de lui savoir gré d'avoir permis ce qu'il pouvait défendre.

Il est une chose qui a profondément blessé le clergé, mais à tort, suivant nous ; c'est la circulaire de M. le ministre de la justice à MM. les procureurs généraux, relative aux délits que peuvent commettre les ecclésiastiques dans l'exercice de leurs fonctions.

« Voilà, a-t-on dit (1), tous les évêques et
» prêtres légitimement envoyés par l'Eglise
» pour prêcher aux peuples les vérités et la
» morale de l'Évangile, reconnus par l'Etat

(1) Lettre de Mgr l'archevêque de Tours à S. Exc. le ministre des cultes.

» lui-même comme les ministres du culte
» divin, qui sont signalés à l'opinion du pays
» comme une classe d'hommes suspects, sur
» lesquels il est nécessaire d'appeler toute la
» vigilance de l'autorité judiciaire. »

Jamais le gouvernement n'a songé, que nous sachions, à mettre des entraves à la sainte mission du clergé! Il veut tout simplement qu'au lieu d'entretenir les fidèles de questions politiques, il leur parle de leurs devoirs comme fidèles et qu'il ne les détourne pas de leurs devoirs comme citoyens. Certes, le champ est assez vaste pour lui sans chercher à l'agrandir encore. N'est-ce donc pas assez que d'avoir à faire connaître les textes de notre histoire sacrée, les vérités de nos dogmes, la morale sublime des évangiles, les nécessités de la prière, les consolations de la foi, les exhortations à la charité, les espérances ou les craintes d'une vie future? C'est dans ces limites que doivent se renfermer les discours des ministres des cultes, ainsi que les mandements et lettres pastorales. Le gouvernement et l'administration temporelle échappent à la critique, à la censure des évêques ; la déclaration de 1682 ne peut pas être interprétée dans un autre sens.

La déclaration de 1682 n'est d'ailleurs que la confirmation de ces paroles du Christ, « *Mon royaume n'est pas de ce monde et rendez à César ce qui appartient à César.* » — « Par ces seules paroles, dit M. Odilon Barrot, Jésus-Christ (1) sépara à jamais le pouvoir religieux et le pouvoir politique jusqu'alors confondu et leur fit une part distincte. — Il limita la domination de César au gouvernement extérieur; il fit subir à l'Etat une profonde décentralisation, car il lui enleva l'empire des croyances. A partir de ce moment, il s'est formé tout un monde, dans lequel les choses de la terre n'ont pas été enchaînées par une loi divine et immuable, et ont pu progresser librement. A partir de ce moment aussi, il y a eu des sociétés dans lesquelles l'omnipotence de l'État s'est arrêtée devant les droits de la conscience. »

L'essentiel, comme le reconnaît avec raison M. Odilon Barrot, c'est que les deux puis-

(1) De la *Centralisation*, p. 38.

sances spirituelle et temporelle gardent leur indépendance, que l'une n'absorbe pas l'autre. Mais nous disons, nous, que contester aux évêques le droit de parler *aux peuples*, de les entretenir de la direction que leur donnent les gouvernements; que leur appliquer les lois du pays quand ils les méconnaissent, ne saurait constituer un empiètement sur le pouvoir spirituel.

L'omnipotence du chef de l'Etat sur le for intérieur et extérieur ferait, nous en convenons sans peine, courir de grands dangers à notre liberté; mais ces dangers ne seraient pas moindres du jour où la hiérarchie catholique ferait invasion dans le domaine du pouvoir temporel.

La ligne de démarcation nous semble parfaitement établie par le Concordat de l'an IX, les articles organiques et les dispositions pénales qui en sont le complément et la sanction.

Soyons reconnaissants envers ce Concordat, œuvre de Napoléon Ier : n'oublions pas qu'il a rouvert les églises, qu'il a réconcilié les bienfaits de la révolution avec les croyances religieuses, qu'il a rétabli dans l'exercice de ce culte les franchises et libertés gallicanes.

Le clergé est-il bien fondé à se plaindre avec l'amertume dont quelques-uns de ses membres et de ses représentants ont fait preuve? Mais les ministres de la religion sont entourés de toute la considération qui leur est due ; les cardinaux sont membres du Sénat, et le traitement des desservants a été augmenté sinon dans de grandes proportions, du moins suffisamment pour témoigner de l'intérêt qu'ils inspirent au gouvernement impérial.

Ce n'est donc pas sans raison que M. de Morny a rappelé à ceux qui se considèrent comme les représentants de l'opinion catholique dans la Chambre « que ce que l'Église a prêché c'est la conciliation, l'indulgence, la modération, le pardon des injures ; que c'est même, à l'époque d'émancipation humaine où l'Église est née, ce qui a assuré son triomphe. »

Ce n'est pas sans raison qu'il leur a conseillé de donner plus souvent l'exemple de ces vertus chrétiennes.

LIBERTÉ D'ASSOCIATION

I

ASSOCIATIONS POLITIQUES

§ I

Le droit d'association est une conséquence du principe de la liberté individuelle.

Tous les citoyens, porte la loi du 13 novembre 1790, ont droit de s'assembler *paisiblement* et de former entre eux des sociétés libres, *à la charge d'observer les lois qui régissent tous les citoyens.*

La Constitution de 1791 consacra de nouveau le principe de la libre association en donnant aux citoyens le droit de s'assembler paisiblement et sans armes, à la condition de satisfaire aux lois de police.

A l'abri de cette liberté s'ouvrirent de nombreux clubs qui, au début de la révolution, eurent l'avantage incontestable de rallier les esprits, de former des centres communs d'opinion, de faire connaître à la minorité opposante l'énorme majorité qui voulait la destruction des abus, le renversement des préjugés et le rétablissement d'une Constitution libre. — Mais, s'écartant bientôt de leur but, ces sociétés populaires prirent une espèce d'existence politique qu'elles ne devaient pas avoir. On les vit mander auprès d'elles des fonctionnaires publics pour venir rendre compte de leur conduite, forcer un tribunal à désigner, dans son auditoire, des places à des députés de club pour inspecter des instructions criminelles et des jugements ; envoyer des commissaires dans divers lieux, chargés de missions qui ne pouvaient être confiées que par les autorités constituées.

Ces abus ne pouvaient être tolérés sans danger pour la chose publique.

A la veille de se retirer pour faire place à la Législative, les Constituants voulurent écarter de leurs successeurs toute influence étrangère qui serait de nature à embarrasser la marche de la Constitution nouvelle, et, en conséquence, par la loi du 9 octobre 1791, ils édictèrent des peines contre les sociétés, clubs, associations de citoyens qui se permettraient, sous une forme quelconque, de s'attribuer une existence politique et d'exercer aucune action sur les actes des pouvoirs constitués et des autorités légales.

Ces excellentes mesures furent malheureusement annihilées par la *Convention* qui, prenant tout particulièrement les sociétés populaires sous sa protection, contribua à faire revivre et même à raviver de plus fort la licence des premiers jours de la révolution. — C'est ainsi qu'aux termes de la loi du 25 juillet 1793, les fonctionnaires qui se permettaient, sous quelque prétexte que ce fut, de porter obstacle à la réunion ou d'employer quelques moyens pour dissoudre les sociétés populaires, devaient être poursuivis comme coupables d'attentat contre la liberté, *et punis de dix années de fers*.

Sous le Directoire, une nouvelle réaction eut lieu contre les clubs.—La Constitution de l'an III changea, en effet, tout le système des lois précédentes. — Aucune assemblée de citoyens ne pouvait se qualifier de société populaire, s'occuper de questions politiques, correspondre avec une autre, tenir des séances publiques composées de sociétaires et d'assistants distingués les uns des autres, imposer des conditions d'admission et d'éligibilité.

Le 6 fructidor an III, ces principes reçurent leur application par un décret qui prononça la dissolution des assemblées connues sous le nom de club ou de société populaire.

Enfin, les lois des 7 thermidor et 19 fructidor an V vinrent ajouter à ces prohibitions des associations en établissant des peines et contre les sociétaires et contre les propriétaires ou locataires des lieux où se tiendraient les réunions.

§ II

Sous l'Empire, ces prohibitions furent renouvelées par les art. 291, 292, 293 et 294 du Code pénal, mais avec des modifications quant à la peine et quant au nombre des personnes associées. Ces articles sont ainsi conçus :

Nulle association de plus de vingt personnes, dont le but sera de se réunir *tous les jours* ou *à certains jours marqués* pour s'occuper d'objets religieux, littéraires, politiques ou autres, ne pourra se former qu'avec l'agrément du gouvernement et sous les conditions qu'il plaira à l'autorité publique d'imposer à la société.

Dans le nombre de personnes indiqué par le présent article, ne sont point comprises celles domiciliées dans la maison où l'association se réunit (art. 291).

Toute association de la nature ci-dessus exprimée, qui se sera formée sans autorisation, ou qui, après l'avoir obtenue, aura enfreint les conditions à elle imposées, sera dissoute. Les chefs, directeurs ou administrateurs de l'association seront, en outre, punis d'une amende de 16 à 200 fr. (art. 292).

Si, par discours, exhortations, invocations ou prières en quelque langue que ce soit, ou par lecture, affiche, publication ou distribution d'écrits quelconques, il a été fait dans ces assemblées quelque provocation à des crimes ou à des délits, la peine sera de 100 à 300 fr. d'amende et de trois mois à deux ans d'emprisonnement contre les chefs, directeurs et administrateurs de ces associations, sans préjudice des peines plus fortes qui seraient portées par la loi contre les individus personnellement coupables de la provocation, lesquels, en aucun cas, ne pourront être punis d'une peine moindre que celle infligée aux chefs, directeurs et administrateurs de l'association (art. 293).

Tout individu qui, *sans la permission de l'autorité municipale,* aura accordé ou consenti l'usage de sa maison ou de son appartement, en tout ou en partie, pour la réunion des membres d'une association, même autorisée, ou pour l'exercice d'un culte, sera puni d'une amende de 16 à 200 fr. (art. 294).

Les associations hostiles au gouvernement cherchèrent et trouvèrent cependant le moyen de se soustraire aux dispositions du Code pénal. Elles se divisèrent en sections, dont chacune, prise à part, se composait de vingt membres au plus, et bien que ces membres réunis s'élevassent à plusieurs milliers d'individus, ils se considérèrent comme à l'abri de toute recherche par cela seul que chaque section ne comptait que le nombre de sociétaires toléré par la loi.

Ce fut pour mettre un terme à cet état de choses qu'intervint la loi du 10 avril 1834, dont l'art. 1er porte « que les dispositions de l'art. 291 du Code pénal sont applicables aux associations *de plus de vingt personnes*, alors même que ces associations seraient *partagées en sections d'un nombre moindre* et qu'elles ne se réuniraient pas *tous les jours ou à des jours marqués* ;

» Que l'autorisation donnée par le gouvernement est toujours révocable. »

La discussion de cette loi donna lieu à une opposition très vive.

On manifesta la crainte surtout qu'à l'occasion de l'exécution de la loi, on confondît les *simples réunions* et les *associations*.

En effet, les *réunions* sont des accidents, et les associations ont, au contraire, un caractère stable. Elles présentent des rapports durables et réguliers entre ceux qui les composent.

M. Hervé, le premier, présenta cette distinction.

« Jamais, dit-il, on n'a confondu le droit de *se réunir* avec la faculté de s'associer : se réunir, c'est vouloir s'éclairer et penser ensemble ; s'associer, c'est vouloir se concerter, se comporter et agir. La différence est immense. Le pays ne peut s'y tromper, et les tribunaux ne sauraient s'y tromper non plus. »

M. Martin, rapporteur, signala, à son tour, la différence qu'il y a entre les réunions et les associations, et ajouta : « Si cette distinction est indiquée par la raison, comment est-on venu dire qu'on voulait, par la loi nouvelle, frapper les réunions ? Jusqu'à présent, personne n'a pensé que les réunions eussent été atteintes par l'article 291. Ne craignez pas qu'elles le soient davantage par la loi que nous discutons. »

La distinction entre les réunions et les associations fut donc posée dans la discussion comme un principe fondamental de l'esprit de la loi.

§ III

Après la Révolution de février, le gouvernement provisoire rendit un décret, à la date du 28 juillet 1848, qui édicta des dispositions nouvelles relativement au droit d'association et de réunion.

Ce décret établit une distinction très marquée entre les réunions publiques et les réunions non publiques.

Les premières constituent des *clubs*, et, pour les former, il suffit qu'avant toute réunion les fondateurs fassent une déclaration, à Paris, à la préfecture de police, et dans les départements au maire de la commune et au préfet.

Les clubs devaient être publics, sans pouvoir, en aucun cas, restreindre la publicité par aucuns moyens directs ou indirects, ni se constituer en comité secret.

L'autorité qui avait reçu la déclaration

pouvait toujours déléguer, pour assister aux séances des clubs, un fonctionnaire de l'ordre administratif ou judiciaire.

Les rapports, adresses et toutes autres communications de club à club, les députations ou délégations de commissaires faites par un club, toutes affiliations entre clubs, tous signes extérieurs d'association et toutes affiches, proclamations et pétitions collectives de clubs, toutes résolutions prises dans la forme des lois, décrets, arrêtés, ordonnances, jugements ou autres actes de l'autorité publique étaient interdits et punis.

Le tribunal, en prononçant les peines édictées, pouvait en outre, selon la gravité des circonstances, ordonner la fermeture des clubs.

En ce qui concerne les *réunions non publiques* ou cercles, il y avait une distinction à établir suivant qu'ils avaient ou non un but politique.

Les réunions devaient-elles être non politiques? il suffisait, pour les fonder, que les citoyens fissent préalablement connaître à l'autorité municipale le local, l'objet de la réunion et les noms des fondateurs, administrateurs et directeurs.

A défaut de déclaration, ou en cas de fausse déclaration, la réunion était fermée immédiatement et ses membres pouvaient être poursuivis comme ayant fait partie d'une société secrète.

Mais les dispositions qui précèdent n'étaient pas applicables aux associations industrielles et de bienfaisance.

Les réunions non publiques étaient-elles formées dans un but politique ? dans ce cas, elles ne pouvaient l'être *qu'avec la permissoni de l'autorité municipale* et aux conditions qu'elle déterminerait, sauf recours, en cas de refus, à l'autorité supérieure.

Quant aux sociétés secrètes, elles furent interdites par l'art. 13 du même décret. Ceux qui seraient convaincus d'avoir fait partie d'une société secrète devaient être punis d'une amende de 100 à 500 fr. , d'un emprisonnement de six mois à deux ans et de la privation des droits civiques de un an à cinq ans.

Ces peines pouvaient être portées jusqu'au

double contre les chefs ou fondateurs desdites sociétés.

§ IV

Aujourd'hui, le droit d'association est sous l'empire du décret rendu, à la date du 25 mars 1852, par le président de la République, agissant en vertu de son pouvoir dictatorial.

Ce décret ne se compose que de deux articles, et il importe d'en bien peser les termes.

Le voici :

Art. 1er. — Le décret du 28 juillet 1848, sur les clubs, est abrogé, à l'exception, toutefois, de l'article 13 de ce décret, qui interdit les sociétés secrètes.

Art. 2. — Les art. 291, 292 et 294 du Code pénal et les art. 1, 2 et 3 de la loi du 10 avril 1834 seront applicables aux *réunions publiques de quelque nature qu'elles soient*.

On remarquera, d'abord, que le décret de 1852 a effacé la distinction que la loi de 1834 avait établie, sinon dans son texte, du moins dans son esprit, entre les *associations* et les *réunions*, distinction à laquelle les législateurs avaient attaché une si grande importance au point de vue de la liberté. Désormais, toutes les *réunions* sont considérées comme associations, et tout le monde comprend le danger de cette assimilation. Or, les réunions publiques, *de quelque nature qu'elles soient*, politiques ou non politiques, artistiques, littéraires, industrielles, religieuses, etc., ne peuvent avoir lieu qu'avec l'agrément du gouvernement et sous les conditions qu'il plaira à l'autorité de leur imposer.

S'il est besoin de se faire autoriser pour une *réunion publique*, à plus forte raison cette nécessité existe-t-elle pour une *réunion non publique* qui aurait le moindre caractère de périodicité, quoiqu'elle ne se fît pas à des jours marqués. Nous avons vu, en effet, que la réunion non publique éveille toujours à un plus haut degré la suspicion du législateur.

Faisons l'hypothèse dans laquelle discutait M. Berryer en 1834. Les journaux de Paris et la plupart de ceux des départements n'existent qu'au moyen d'associations formées pour les établir et les soutenir. Ces associations, composées de vingt, trente ou quarante personnes intéressées dans le journal, se réunisssent, tous les mois, ou tous les trois mois, ou tous les six mois, pour se concerter sur la direction politique que le journal doit suivre, sur le langage politique qu'il doit tenir.

Des associations de cette nature seront-elles obligées de réclamer l'autorisation gouvernementale ? En 1834, M. le ministre du commerce répondit : « C'est le mot *association* qui contiendra la véritable solution de cette question. » Aujourd'hui, la réunion étant assimilée à l'association, il ne peut y avoir de doute. Il faudra se faire autoriser.

L'autorisation préalable est la règle commune pour toutes les réunions, de quelque nature qu'elles soient, et, faute de la demander, on s'expose aux peines prononcées par la loi Il y a, dans le décret de 1852, quelque chose qui n'est pas suffisamment défini, déterminé, et qui, par cela seul, laisse libre carrière à l'arbitraire administratif.

II

ASSOCIATIONS RELIGIEUSES, CONGRÉGATIONS.

§ I

Aucun établissement religieux ne pouvait, sous l'ancien régime, être formé sans autorisation du roi (1).

Cette autorisation résultant de lettres-patentes, scellées du grand sceau, contresignées par un secrétaire d'État et enregistrées dans les parlements après enquête *de commodo et incommodo*, pouvait toujours être révoquée.

La loi du 13 février 1790 fit un usage vraiment révolutionnaire de ce droit essentiel du souverain en déclarant ne plus reconnaître de *vœux monastiques solennels* de personnes des deux sexes, et supprima, en consé-

(1) Edit d'août 1749.

quence, *les ordres et congrégations régulières* dans lesquels on faisait de pareils vœux.

Mais, outre les *congrégations régulières*, il y avait, à cette époque, un grand nombre de congrégations *séculières*, *laïques*, confréries, etc., dans lesquels on ne faisait pas de *vœux monastiques solennels*. Tous ces établissements divers, qui ne constituaient autre chose que des corporations, ne se trouvèrent pas atteints par la loi et conservèrent leurs propriétés.

La loi du 18 août 1792 fut plus radicale : elle supprima tout ce que l'Assemblée constituante avait laissé subsister, c'est-à-dire les corporations connues en France sous le nom de congrégations séculières, ecclésiastiques, et généralement toutes les corporations religieuses et congrégations d'hommes ou de femmes, ecclésiastiques ou laïques, même celles uniquement vouées au service des hôpitaux et au soulagement des malades..... ensemble les familiarités, confréries, etc.

Quelque absolue et inintelligente que fût la proscription de toute corporation religieuse (1), cette loi n'a pas eu, ne pouvait pas avoir pour objet de prohiber la loi religieuse purement volontaire et strictement intérieure que de simples particuliers mèneraient en commun sous un même toit. C'est Couthon lui-même qui l'a proclamé (2).

§ II

Le Concordat, qui réorganisa le culte français, stipula le rétablissement du clergé séculier suivant la hiérarchie de l'Eglise, l'entretien de ce clergé et sa dotation par l'État; mais rien de plus.— Aussi les articles organiques, tout en permettant aux archevêques et évêques d'établir des chapitres cathédraux et des séminaires dans leurs diocèses, ajoutent-ils que *tous autres établissements ecclésiastiques sont supprimés.* — Les évêchés, les cures, les chapitres cathédraux et les sémi-

(1) M. Pepin-Lehalleur, *Revue nouvelle*, t. V, p. 141.

(2) M. de Vatimesnil, *Consultation pour les Trappistes.*

naires établis ou à établir, conformément à la loi du 18 germinal an X, voilà tout ce qui fut permis. — S'il pouvait y avoir quelque doute à cet égard, nous en trouverions la preuve dans le décret du 20 prairial an X, qui, mettant en vigueur le régime du Concordat, supprima, dans quelques départements réunis, *les ordres monastiques, les congrégations régulières*, et mit tous leurs biens sous la main de la nation.

Toutefois, en supprimant les congrégations régulières, le décret du 20 prairial an X conserva les établissements destinés à l'éducation publique et au soulagement des malades ; bien plus, il prescrivit au commissaire général de choisir 1° parmi les ci-devant couvents ou monastères de filles six des maisons les plus vastes et les mieux entretenues pour servir de retraite aux ci-devant religieuses ; 2° quatre couvents les plus vastes pour contenir les religieux de tout ordre ayant plus de soixante-dix ans.

Les ci-devant religieux et religieuses étaient autorisés à vivre en commun dans les couvents respectifs qui leur étaient attribués, mais *sans que leur réunion pût être considérée comme corporation monastique ou comme une continuation de conventualité.*

Et cependant, dès cette époque, de véritables congrégations régulières se reconstituaient à peu près publiquement (1), et ne tardèrent pas à acquérir une influence extérieure assez considérable. — Ce fait donna lieu à plusieurs rapports confidentiels de Portalis au premier consul et à l'empereur, et provoqua le célèbre décret du 3 messidor an XII, qui, confirmant l'existence des lois s'opposant à l'admission de tout ordre religieux dans lequel on se lie par des vœux perpétuels, dispose qu'aucune agrégation ou association d'hommes ou de femmes ne pourra se former à l'avenir sous prétexte de religion, à moins qu'elle n'ait été formellement autorisée *par un décret impérial*, sur le vu des statuts et réglements selon lesquels on se proposerait de vivre dans cette agrégation ou association.

Ce même décret déclara dissoute, à partir

(1) M. Pepin-Lehalleur, id.

de ce jour, l'agrégation ou association connue sous les noms de *Pères de la foi*, d'*Adorateurs de Jésus* ou *Pacanaristes*, mais il laissa subsister quelques agrégations de femmes désignées sous les noms de *Sœurs de la charité*, de *Sœurs hospitalières*.

Un autre décret du 18 février 1809 autorisa le rétablissement de congrégations de femmes, traça des règles sur la discipline de ces maisons, sur la capacité des religieuses, etc. Mais il résulte de l'article 1er que l'on n'entendait rétablir que des congrégations ayant pour but de *desservir les hospices, d'y servir les infirmes, les malades et les enfants abandonnés, ou de porter aux pauvres des soins, des secours, des remèdes à domicile*.

Il n'était pas question alors de créer des congrégations vouées uniquement à la vie contemplative.

Les décrets des 3 janvier 1812 et 23 janvier 1813 témoignent que le pouvoir exécutif interprétait toujours la loi de la même manière. Ils ordonnent, en effet, la dissolution des ordres monastiques dans lesquels on faisait des vœux perpétuels ; mais ils maintiennent et confirment les congrégations d'hommes et de femmes dans lesquelles, sans faire de vœux perpétuels, les individus sont uniquement consacrés par leur institution, soit à soigner les malades, soit au service de l'instruction publique.

§ III

Sous la Restauration, le clergé prit, comme on sait, une très grande prépondérance, et il en profita pour multiplier les associations religieuses. Le gouvernement, encourageant ces tendances, fit même plusieurs tentatives afin de soustraire le rétablissement des couvents à la nécessité de l'autorisation par une loi.

Dans ces circonstances, il était indispensable de rappeler le principe de l'autorisation et d'en régler les conséquences.

Tel fut l'objet de la loi du 24 mai 1825, par laquelle le pouvoir législatif se réserva le droit d'autoriser les congrégations religieuses de femmes, laissant uniquement au gouvernement celui d'autoriser 1° les congrégations qui avaient une existence de fait avant le 1er mai 1825 ; 2° les établissements nouveaux d'une congrégation de femmes déjà autorisée.

Quant aux congrégations d'hommes, elles sont restées sous l'empire des lois précédentes, et notamment du décret du 3 messidor an XII, c'est-à-dire qu'est prohibé tout ordre religieux dans lequel on se lie par des vœux perpétuels, et qu'aucune agrégation d'hommes ou de femmes, sous prétexte de religion, ne peut se former sans être autorisée par la loi.

Ce serait en vain qu'on voudrait considérer comme abrogé le décret de l'an XII ; il est consacré par la jurisprudence et par l'usage qu'en a fait le gouvernement de juillet en 1830 contre la congrégation des Missions de France ; en 1831, contre les trappistes de la Meilleraie ; en 1839, contre les capucins de Lyon ; en 1842, contre les trappistes du département du Tarn ; et le gouvernement impérial, en 1861, contre les capucins d'Hazebrouck et les rédemptoristes de Douai.

La question, du reste, se trouve on ne peut mieux résumée et tranchée dans les paroles suivantes, prononcées par M. le président Portalis le 12 juin 1845 :

« On demande si les lois actuellement en vigueur ne donnent pas au gouvernement le pouvoir, ne lui imposent pas le devoir, selon l'urgence des cas, de dissoudre les associations religieuses non autorisées quand elles se produisent au dehors, en cherchant à s'imposer à un pays et à se faire connaître indépendamment des lois? Eh bien! la réponse ne saurait être douteuse. Vivez dans l'intérieur de vos maisons comme il vous plaira ; obéissez, en habitant sous le même toit, à la discipline, à la règle que vous avez choisie , cela vous est loisible et permis ; l'État ne s'enquerra pas de ce qu'il n'a pas intérêt à savoir ; l'autorité publique surveillera, mais ne troublera pas les innocents mystères d'une vie pieuse et retirée ; les choses qui ne regardent que la conscience lui sont sacrées ; *les actes publics, les manifestations publiques provoquent seuls, justifient seuls* son intervention.

» Mais si vous voulez que le public soit averti de votre existence ; si vous prétendez lui faire sentir votre action, *exercer au dehors une influence collective, une influence d'association ;* si vous vous proclamez affiliés à un ordre religieux connu et existant hors de nos frontières ; si vous correspondez patemment et hiérarchiquement avec d'autres maisons semblables à la vôtre, existant en France ; si vous avouez publiquement une organisation administrative et régulière qui embrasse tout le territoire et le constitue en province d'un ordre religieux; si vous vous présentez comme une association religieuse pour exercer des fonctions ecclésiastiques ; alors, si vous ne pouvez produire une autorisation légale, vous tombez sous la prohibition de la loi. »

En 1861, M. le ministre Billault a interprété

la loi comme l'interprétait M. Portalis en 1845. Ces deux hommes d'État s'accordent à reconnaître que les lois actuellement en vigueur donnent au gouvernement le pouvoir et lui imposent le devoir de dissoudre les associations religieuses non autorisées toutes les fois qu'elles *deviennent dangereuses*. Que ce danger résulte de ce que les associations se produisent au dehors pour exercer une influence collective, ou que ce danger vienne de cette circonstance que les associations s'écartent de la ligne de leurs devoirs en devenant une occasion de scandale, peu importe. Le droit et le devoir du gouvernement sont les mêmes dans ces différentes hypothèses. L'autorité supérieure est investie d'un pouvoir discrétionnaire envers des établissements que la loi lui donne le droit de dissoudre et qu'elle ne tolère qu'à la condition que cette tolérance ne soit pas préjudiciable aux intérêts de la société.

Voici quelques extraits du discours de M. Billault :

« Nous avons emprunté à l'expérience de nos pères,

à leur parfaite intelligence des devoirs et des droits de chacun..... des dispositions qui mettent l'État, la société civile, en garde contre les continuelles tentatives d'envahissement de certaines sociétés religieuses *essayant de pénétrer partout et créant souvent partout de sérieux embarras*. Ces précautions légales ne datent pas d'hier, elles sont presque aussi vieilles que la monarchie. Tous les gouvernements qui ont régné en France en ont senti la nécessité, et les plus religieux (le gouvernement impérial est de ce nombre) n'ont pas été les moins énergiques pour faire respecter les droits de l'État.

» Les édits de Louis XIV ont été reproduits presque dans les mêmes termes par les décrets de Napoléon. Les mêmes nécessités commandaient les mêmes lois.

. . . .

» Je n'entrerai pas, pour le moment, dans l'examen des raisons politiques qui motivèrent ces lois ; il y en a de sérieuses, et le Sénat les comprend. Il me suffit de constater qu'elles existent, qu'elles sont lois de l'Etat et que chacun doit les respecter. Ainsi, en fermant une maison de capucins à Hazebrouck, une maison de rédemptoristes à Douai..... le gouvernement n'a fait qu'user de son droit. Maintenant, a-t-il eu raison, en fait, de prescrire ces mesures? J'aurais voulu, sur ce point, pouvoir me borner à une simple observation générale. Vous savez tous quel est le nombre des établissements religieux qui, par la seule tolérance de l'État, existent sur la surface de l'Empire. *Croiriez-vous volontiers que le gouvernement, changeant subitement la ligne de conduite qu'il a tenue jusqu'à ce jour, ait voulu commencer je ne sais quelle persécution misérable par cinq capucins d'Hazebrouck et quelques rédemptoristes de Douai?* Si le gouvernement croyait qu'il est de l'intérêt de l'État que ces institutions, qui n'existent que par sa seule tolérance, cessent d'exister, ou qu'imitant ce que fit en l'an XII le premier Empire, il jugeât à propos de régulariser les établissements utiles, de supprimer les établissements inutiles ou inopportuns, ce n'est pas par des mesures détournées qu'il procéderait. Il dirait hardiment, nettement les grandes considérations qui le déterminent, et il agirait comme il convient à un gouvernement fort, en invoquant les lois du pays.

» Comme Mgr l'évêque de Cambrai l'a écrit dans une de ses lettres à un journal, telle n'est pas la pensée de l'Empereur ; il sait qu'il y a engagés, dans cette situation, des intérêts considérables ; il les tient en parfaite et juste considération ; *il ne veut point d'une perturbation qui serait en désaccord flagrant avec les données générales de sa politique. Pour certains établissements dont des raisons sérieuses motivent qu'on les tolère, il n'est pas bon de les détruire ; mais il peut aussi n'être pas bon de leur donner une existence indépendante. Tolérés, ils sont déjà très difficiles ; autorisés, je ne sais s'ils ne deviendraient pas intolérables.* » (Mouvement.)

On le voit donc, ce qui était vrai en 1845 l'est encore en 1861. A l'une comme à l'autre époque, on revendique pour le gouvernement le droit de dissoudre les associations religieuses non autorisées, lorsqu'elles constituent un danger public, quel qu'il soit et dont l'autorité supérieure a seule l'appréciation souveraine. Cette revendication nous paraît non-seulement légale, mais juste, nécessaire, non contraire aux vrais principes d'une sage liberté. Si le gouvernement était désarmé vis-à-vis des associations religieuses, celles-ci formeraient un État dans l'Etat, et seraient d'autant plus redoutables qu'elles prétendraient parler au nom du ciel!

III

ASSOCIATIONS COMMERCIALES ET INDUSTRIELLES.

§ I

Le Code de commerce reconnaît trois espèces de sociétés :

1° La société en nom collectif,

2° La société en commandite,

3° La société anonyme.

Mais en allant au fond des choses, on reconnaît avec M. V. Masson (1) qu'il n'en existe réellement que deux, savoir :

La société des personnes,

La société des capitaux.

Ce sont, en effet, les deux grandes catégories que le Code de commerce a instituées sous ces deux chefs : Société en nom *collectif* et Société *anonyme*.

(1) Voy. *Commandites par actions*, p. 18.

Dans la société en nom *collectif*, chaque associé engage tout ce qu'il possède, ses biens, sa personne; contrat redoutable en ce qu'il met tous les associés à la merci de chacun ; contrat respectable en ce qu'il révèle, de la part de chacun, qu'il a foi en tous.—Aux yeux de la loi, cette société n'est qu'un seul homme *sous une raison sociale ;* sa base morale repose sur *la foi mutuelle*, comme sa base légale repose sur *la solidarité* (1).

La société *anonyme* n'existe point *sous un nom social ;* les associés ne sont passibles que de la perte du montant de leur intérêt dans la société. — Les administrateurs, n'étant responsables que de l'exécution du mandat qu'ils ont reçu, ne contractent, à raison de leur gestion, *aucune obligation personnelle ni solidaire*, relativement aux engagements de la société. — Cette forme a été imaginée pour grouper les petits capitaux en un seul faisceau, permettre aux associés, non-seulement de ne point engager leurs personnes, mais de limiter leurs pertes, pour leur don-

(1) M. V. Masson, ancien député.

ner enfin la faculté de s'unir sans se connaître.—Le capital de la société anonyme se divise en actions nominatives ou au porteur, car les associés n'étant responsables ni envers le public ni les uns envers les autres, devaient avoir toutes facilités pour sortir de l'union à l'improviste et même à l'insu des autres membres.

La société en nom *collectif* ne dépend que de la volonté de ceux qui la contractent.

La société *anonyme*, au contraire, étant la réunion d'une foule de petites mises dont les souscripteurs ne participent en rien à la gestion des affaires sociales, devait être sous le contrôle de l'autorité. — C'est pourquoi la société anonyme ne peut exister qu'*avec l'autorisation du gouvernement et avec son approbation pour l'acte qui la constitue*.

Si cette grande et rationnelle classification des sociétés *collectives* et *anoymes* eût été maintenue d'une manière radicale, nous n'aurions pas été témoins des scandales financiers auxquels a malheureusement et trop souvent donné lieu l'agiotage se cachant sous le manteau de l'association.

Mais un mode d'association intermédiaire, la *commandite*, avait depuis longtemps pris place dans nos habitudes commerciales, et la loi devait en consacrer l'existence, parce qu'elle l'avait trouvée établie de temps immémorial et qu'elle répondait à un besoin réel.

« La *société en commandite* se contracte entre un ou plusieurs associés responsables et solidaires, et un ou plusieurs associés simples bailleurs de fonds, que l'on nomme *commanditaires* ou *associés en commandite*. Elle est régie sous un nom social, qui doit être nécessairement celui d'un ou plusieurs des associés responsables et solidaires. » (Art. 23 du Code de commerce.)

Cette société est, comme on le voit, d'un caractère mixte ; à la fois société *en nom collectif* à l'égard des associés solidaires, et société *en commandite* à l'égard des simples bailleurs de fonds. Elle emprunte la plupart de ses règles à la société en nom collectif dont elle est une émanation directe, mais cependant le principe de la *solidarité* y est aboli en faveur de certains associés qui abdiquent le droit d'administrer leurs propres capitaux.

Maintenue dans les termes de l'art. 23 du Code de commerce, la *commandite simple* aurait rendu de très grands services en fournissant à l'esprit d'entreprise les capitaux dont il manque le plus souvent ; mais le législateur de 1807 eut la malheureuse pensée d'ajouter (art. 38 du Code de commerce) que « le capital des sociétés en commandite *pourra être aussi divisé en actions.* » De ce peu de mots, consentis sans beaucoup d'examen peut-être (1), sont sorties plus tard des spéculations impudemment spoliatrices, des dols flagrants et multipliés à la face du soleil, un brigandage légal, une perturbation scandaleuse dans les fortunes et dans les mœurs du pays.

Qu'est-il arrivé, en effet ? C'est que les entreprises les plus hasardées, les spéculations les plus folles sont venues s'abriter sous cet article 38 qui a été pour elles un port de refuge. On ne pouvait pas songer à

(1) M. V. Masson, ancien député.

une société *anonyme*, car il eût fallu se soumettre *à un examen préalable du conseil d'État*. Mais rien ne s'opposait à la formation d'une société en commandite par actions, quelque insensé que fut l'objet de cette société, quelques injustes, spoliatrices qu'en fussent les conditions pour les actionnaires. Qu'était-il besoin, dès lors, de se soumettre à un contrôle gênant, de demander une approbation dont il était si facile de se passer ! C'est en 1838 qu'une *chevalerie* industrielle, âpre à la curée (1), indifférente sur le choix des moyens qui conduisent à la fortune, commença à exploiter le principe salutaire de la *commandite* en le transformant en instrument de déception. Aussi l'association, qui commençait à se développer, fût-elle paralysée au contact de ces menées frauduleuses.

Le gouvernement de Juillet comprit la nécessité d'une répression et proposa d'abroger l'art. 38 du Code de commerce. La commission de la Chambre fut d'avis, au contrai-

(1) M. Wolowski, *Organisation du travail*, p. 29.

re, de le maintenir, mais en le fortifiant par un ensemble de mesures qui en neutraliseraient les conséquences désastreuses.

Cette divergence fit que la réforme proposée ne se réalisa pas, et que les intrigants eurent toute latitude pour faire de nouvelles dupes.

Après la proclamation de l'Empire, l'occasion s'offrait à eux plus belle que jamais. A cette époque, le grand mouvement imprimé aux travaux publics, l'extension du réseau des voies ferrées, la confiance, enfin, qui se manifesta de toutes parts, tout contribua à enfanter des sociétés de toute nature, et chacun se rappelle que la *commandite* devint une fabrique permanente d'actions qui furent absorbées aussitôt qu'émises.

Les souscripteurs lisaient-ils les statuts de ces sociétés, connaissaient-ils les gérants, les conditions de l'apport fait par ceux-ci, les avantages qu'ils s'attribuaient? Nullement. Le contrat se formait sans examen, sans discussion, sans contradiction. Les abus furent plus scandaleux que jamais, et devinrent la source de fortunes plus scandaleuses encore.

Combien de travailleurs perdirent le fruit de leurs épargnes ! Combien de familles furent victimes de cette liberté illimitée de l'association industrielle !

§ II

Enfin intervint la loi du 17 juillet 1856 qui réglementa les sociétés en commandite par actions.

Ces sociétés ont été soumises à l'autorisation préalable non de l'*autorité*, mais des *actionnaires eux-mêmes*, en ce sens que lorsqu'un associé fait un apport qui ne consiste pas en numéraire ou stipule à son profit des avantages particuliers, la société n'est définitivement constituée qu'après que les actionnaires ont donné leur approbation en assemblée générale. La constitution définitive est encore attachée à la réalisation d'une autre condition, c'est que le gérant ait constaté dans un acte notarié que le capital social est entièrement souscrit et que chaque actionnaire a versé le quart au moins du montant des actions par lui souscrites.

La simulation de souscriptions ou de versements, la publication faite *de mauvaise foi* de souscriptions ou de versements qui n'existent pas, ou de tous autres faits faux, de noms de personnes désignées contrairement à la vérité comme étant ou devant être attachées à la société à un titre quelconque ; la répartition de dividendes non réellement acquis à la société, opérée par les gérants en l'absence d'inventaires ou au moyen d'inventaires frauduleux, tous ces faits sont sévèrement punis.

La surveillance de la société est exercée par un conseil de cinq membres au moins nommés par l'assemblée générale des actionnaires immédiatement après la constitution définitive de la société et avant toute opération sociale.

Les membres du conseil de surveillance sont chargés de *vérifier les livres, la caisse, le portefeuille et les valeurs de la société*. Ils font, chaque année, un rapport à l'assemblée générale sur les *inventaires* et sur les *propositions de distribution de dividendes faites par le gérant*.

Ce sont là des fonctions sérieuses et qui doivent être sérieusement accomplies. Ainsi tout membre d'un conseil de surveillance est *responsable* avec les gérants *solidairement* et *par corps,* 1° lorsque, sciemment, il a laissé commettre dans les inventaires des inexactitudes graves, préjudiciables à la société et aux tiers; 2° lorsqu'il a, en connaissance de cause, consenti à la distribution de dividendes non justifiés par les inventaires sincères et réguliers.

Lorsque la société est annulée, faute par le gérant d'avoir accompli les différentes prescriptions qui lui sont imposées comme *condition préalable*, les membres du conseil de surveillance *peuvent* être déclarés responsables, solidairement et par corps avec les gérants, de toutes les opérations faites postérieurement à leur nomination.

Telles sont les principales dispositions de la loi de 1856.

Le législateur a-t-il atteint le but qu'il se proposait? Nous n'hésitons pas à répondre *non*. La loi devait être un frein et elle est devenue un obstacle! Il s'agissait de moraliser l'association, de garantir les intérêts de tous les associés, et on a étouffé dans leur germe toutes les sociétés à naître, bonnes et mauvaises. Tout le monde sait, en effet, qu'à dater de la promulgation de cette loi, il ne s'est formé qu'un très petit nombre de sociétés en commandite par actions, et que parmi celles qui sont parvenues à réaliser leur capital, il n'en est que trop dont le désastre a prouvé la double impuissance de la loi de 1856.

Comment en aurait-il été autrement ? Il y a même lieu de s'étonner qu'aucunes aient pu se constituer, car on ne s'explique pas que des hommes sérieux consentent à engager leur responsabilité, à exposer leur fortune et leur liberté dans une affaire qu'ils n'administrent pas eux-mêmes et dont ils ne pourraient prendre l'administration qu'en encourant une responsabilité d'une autre nature, déterminée par les art. 27 et 28 du Code de commerce que l'on a mal à propos conservés (1).

(1) M. Kœnigswarter, député, s'est exprimé ainsi en

C'est cette double *responsabilité* qui est un juste motif d'effroi ; c'est elle qui éloignera

parlant des sociétés en commandite (Discussion du budget de 1862) :

« La loi de 1856 a été votée comme une amélioration. Dans mon opinion, elle a été une mauvaise mesure, et je vais le prouver par des faits. Personne plus que moi ne désire la moralité dans les sociétés en commandite et dans les sociétés anonymes. Mais a-t-elle été assurée par cette loi? Je ne veux pas sortir de la réserve qu'impose la situation d'un homme placé sous la main de la justice. Je me bornerai donc à dire que, sous l'empire de la loi de 1856, on a vu un capital de 50 millions à peu près entièrement dissipé. C'est que la loi de 1856 n'a pas fait disparaître les articles 27 et 28 du Code de commerce, qui empêcheront toujours les membres des conseils de surveillance de sociétés en commandite d'exercer une surveillance réelle, parce qu'ils ne voudront pas paraître s'être immiscés dans les actes de la gestion. Le capital social pourra être absorbé avec les écritures en apparence les mieux tenues, comme le prouve ce qui a été constaté pour la Caisse des chemins de fer. J'avais demandé, en 1856, avec la suppression des articles 27 et 28 du Code de commerce, le pouvoir, pour les conseils de surveillance, de suspendre les gérants, de convoquer les actionnaires, de prendre, en un mot, toutes les mesures de conservation. Je regrette de ne l'avoir pas obtenu. En fait, la responsabilité que la loi de 1856 a voulu imposer aux membres des conseils de surveillance est illusoire. Un procès récent qui se rattache à une grande affaire de raffinerie de sucre, à Marseille, l'a prouvé : le conseil de surveillance, appelé devant la justice, a été acquitté sur la plaidoirie de notre honorable collègue M. Rigaud. »

toujours les hommes prudents et honorables.

Les membres d'un conseil de surveillance ne se sont-ils acquittés que mollement des devoirs que leur impose la loi de 1856? Les actionnaires les assignent en dommages-intérêts, sauf à succomber, comme cela a eu lieu dans la plupart des cas qui se sont présentés.

Le conseil de surveillance a-t-il pris au sérieux la mission qui lui est confiée? Les actionnaires ont le droit, le Code de commerce à la main (art. 27 et 28), de lui dire: « Vous avez fait des actes de gestion, et à ce titre vous êtes responsable. »

Toute surveillance sérieuse devient donc impossible.

Mais, d'un autre côté, une société en commandite par actions constitue un danger public si elle n'est pas soumise à un contrôle incessant; si, à côté des gérants, il n'y a pas un conseil de surveillance dont les membres offrent toutes les garanties désirables.

On tourne donc dans un cercle vicieux, dont il sera impossible de sortir.

La seule, la vraie solution, à notre avis.

c'est de *supprimer* les sociétés *en commandite par actions.*

Il faut revenir aux vrais principes en matière d'association : 1° aux sociétés de personnes ; 2° aux sociétés de capitaux.

A la première catégorie se rattachent les sociétés en nom collectif et les sociétés en *commandite.*

La seconde catégorie se résume dans la société *anonyme*, qui doit être la *seule société par actions*, et pour l'administration de laquelle on trouvera toujours des hommes capables et honnêtes ; ils ne répondent, en effet, que de leurs propres actes, sans être jamais tenus des engagements de la société. — Ce mode d'association admet une variété de combinaisons qui se prête à toutes les situations, à tous les développements du commerce et de l'industrie. Elle seule convient à l'association des capitaux ; mais, disons-le bien haut, il serait indispensable de simplifier le contrôle administratif, d'en écarter les lenteurs et les possibilités d'arbitraire ; il faudrait en déterminer les détails et les formes par une disposition spéciale et assez puissante pour combattre l'inertie et les tracasseries bureaucratiques.

Ce n'est qu'à cette condition que l'on maintiendrait la liberté d'association en matière industrielle et commerciale ; il faudrait que l'autorisation préalable fût un contrôle efficace, mais simple, prompt et à l'abri de toute espèce de favoritisme.

LIBERTÉ DE L'ENSEIGNEMENT

I

La Constituante, la Législative et la Convention abordèrent tour à tour le problème de mettre en œuvre un système d'éducation conforme aux institutions qu'avait créées la révolution.

Les premiers projets furent plutôt des expositions de principes que des plans réalisables ; ils émanèrent de Talleyrand et de Condorcet. Tous les deux admettaient la liberté de l'enseignement : ils en acceptaient la gratuité, tout en repoussant l'obligation ; ils voulaient l'un et l'autre que les corps enseignants, quoique salariés par l'État, en fussent néanmoins indépendants, si ce n'est en ce qui touche l'instruction primaire, que les municipalités devaient diriger et surveiller.

Le projet de Condorcet était plus vaste, plus compliqué que celui de Talleyrand, l'instruction plus abondamment répartie ; il distinguait cinq degrés d'instruction : les écoles primaires, les écoles secondaires, les instituts, les lycées, la société nationale des sciences et des arts.

Talleyrand n'admettait la gratuité que pour l'instruction primaire, tandis que Condorcet l'appliquait aux écoles primaires et secondaires, et même aux lycées et instituts dans une certaine mesure.

Quoi qu'il en soit, le projet de Talleyrand ne fut pas adopté, et, quelque temps après, le coup d'État du 31 mai anéantit le plan de Condorcet, avec la politique tout entière des Girondins.

Après le 31 mai, le travail de la Convention se concentra dans les comités.

Le comité de l'instruction publique, composé de gens de lettres, de savants, de membres des anciennes corporations enseignantes, ne fut pas des moins laborieux. Son président, Lakanal, présenta bientôt un projet qui se distinguait par une très grande netteté, par des qualités tout à fait pratiques; mais Robespierre s'était proclamé le champion du fameux projet de Lepelletier de Saint-Fargeau, qui se prononçait pour un seul degré d'instruction, pour l'éducation commune, et dont les dispositions, quoique inspirées par un sentiment généreux, par une haute idée des vertus humaines, semblaient plutôt faites en vue d'un couvent de Spartiates qu'en vue d'une société libre (1).

Ces deux derniers projets n'eurent pas plus de succès que les deux premiers.

Celui qui fut enfin adopté par décret des 19-25 décembre 1793 proclama la liberté de l'enseignement, mais était incomplet.

Les citoyens et citoyennes qui voulaient user de la liberté d'enseigner étaient simplement tenus de produire un certificat de civisme et de moralité, délivré par la moitié du conseil général de la commune; ils étaient sous la surveillance immédiate de la munici-

(1) M. Eugène Maron, *Revue de Paris*, 1857, p. 185.

palité, des pères et mères et de tous les citoyens.

Les pères, mères, tuteurs ou curateurs *étaient tenus* d'envoyer leurs enfants ou pupilles aux écoles du premier degré dès l'âge de six ans accomplis.

Telles furent à peu près les mesures relatives à l'enseignement prises par la Convention avant le 9 thermidor.

Les thermidoriens mirent à profit les discussions auxquelles avaient précédemment donné lieu les divers projets d'instruction publique.

Le décret du 3 brumaire an IV établit des écoles primaires dans chaque canton, des écoles centrales dans chaque département, ainsi qu'un grand nombre d'écoles spéciales.

L'Institut national fut divisé en trois classes seulement: sciences physiques et mathématiques, sciences morales et politiques, littérature et beaux-arts. A l'Observatoire, on ajouta le Bureau des longitudes. Le Jardin des Plantes fut étendu et doté des cours, alors tout à fait nouveaux, d'anatomie comparée, de zoologie, de minéralogie, de géologie (1).— C'est de cette époque que date l'enseignement des langues orientales à la Bibliothèque nationale, l'établissement d'un Conservatoire de musique, et l'établissement plus démocratique encore d'un Conservatoire des Arts-et-Métiers. La Convention procéda, dans le même esprit, à la fondation des Écoles de médecine et de chirurgie, ainsi qu'à la création des Écoles normale et polytechnique, d'où sont sortis tant d'hommes illustres.

On voit que, si la révolution ne réalisa pas pour l'instruction publique tout ce qu'elle avait rêvé, elle en a fait assez pour mériter la reconnaissance de l'histoire. C'est à elle, en effet, que revient l'honneur d'avoir proclamé le grand principe de la liberté d'enseignement; d'avoir introduit la gratuité, non seulement dans l'instruction primaire, mais aussi dans les écoles centrales, dans les écoles spéciales, et jusqu'aux Écoles normale et polytechnique.

(1) M. Eugène Maron, *Revue de Paris*, 1857, p. 182.

II

Sous le Consulat intervint la loi du 11 floréal an X, qui apporta quelques modifications au décret du 3 brumaire an IV ; mais un changement radical de système eut lieu en 1806.

L'empereur Napoléon, qui réorganisait en France l'autorité et l'unité, voulut concentrer entre les mains du gouvernement le *monopole de l'enseignement*, et, en conséquence, il institua l'*Université*, dont l'organisation fut faite par le décret du 17 mars 1808 et par plusieurs autres décrets, modifiés à leur tour par des ordonnances royales.

A partir de cette époque, aucune école, aucun établissement quelconque d'instruction ne put être formé *hors de l'Université impériale et sans l'autorisation de son grand-maître*. L'instruction dans les séminaires dépendit néanmoins des archevêques et évêques, chacun dans leur diocèse ; ils continuèrent à en nommer et révoquer les directeurs et professeurs.

Hâtons-nous de reconnaître que, malgré son monopole, l'Université accorda un grand nombre d'autorisations, et que la France se couvrit d'établissements libres, rivaux de l'Université elle-même. Le fait prévalut contre la loi ; mais celle-ci n'en constituait pas moins un monopole, car, suivant la loi telle qu'elle existait, il dépendait de l'Université de ne plus accorder d'autorisations, de supprimer toute concurrence, et de mettre les pères de famille dans l'alternative ou de ne pas donner d'éducation à leurs enfants, ou de les faire élever par elle.

La Restauration conserva l'organisation puissante de l'Université, tout en autorisant une foule de corporations religieuses qui se vouaient à l'enseignement.

Le gouvernement de juillet (art. 69 de la Charte) promit une loi sur l'instruction publique et la liberté de l'enseignement, mais il ne tint pas sa promesse. Il fit de grands et généreux efforts pour l'instruction primaire de la jeunesse ; il multiplia les écoles, forma des maîtres nombreux et instruits, augmenta le matériel des établissements, soit par des secours départementaux, soit par des subventions communales : mais le grand problème de l'éducation resta à résoudre.

La révolution de 1848, elle, ne pouvait faillir à ce devoir, car l'exercice du suffrage universel est indissolublement lié à l'application d'un vaste système d'éducation populaire.

M. Carnot s'empressa donc de saisir l'Assemblée nationale d'un plan d'institutions primaires ; mais ce projet souleva les plus graves objections : il était à la fois trop vaste et trop restreint ; il substituait arbitrairement l'État au père de famille, et la centralisation purement administrative à l'autorité de la commune.

III

A ce projet il en succéda un autre, qui est devenu la loi du 15 mars 1850 sur l'enseignement.

Cette loi s'est appliquée à concilier les divers intérêts qui sont en présence.

S'il appartient au gouvernement de distribuer l'enseignement par des agents qu'il prépare à cet effet, ce ne peut pas être au détriment du droit naturel et préexistant des familles ; le choix de celles-ci doit pouvoir s'exercer, non seulement sur les *personnes*, mais sur les *méthodes* et les *doctrines*, sans rencontrer d'autres limites que celles qui sont posées par la morale et le respect des lois.

C'est pourquoi, tout en tenant compte des lois et des institutions existantes, le législateur de 1850 a voulu restreindre les privilèges de l'enseignement de l'État, et a fondé à côté de lui la *concurrence*, qui est exercée par tous les citoyens qui se croient appelés à remplir la noble et difficile fonction d'instituteurs de la jeunesse, et qui ont donné des gages publics de moralité et de savoir.

En un mot, l'État a changé sa fonction d'instituteur unique de la nation contre celle de surveillant et de protecteur de quiconque entreprend, au nom de la loi. de l'être en même temps que lui.

La difficulté, c'était de faire à chacun sa juste part d'influence dans une action commune, d'opérer un rapprochement entre les écoles de l'État et les institutions libres, de les concilier.

Cette délicate mission *de représenter tout à la fois les droits de l'État et de garantir ceux de la liberté* a été confiée à une autorité suprême, le Conseil supérieur de l'instruction publique, présidé par le ministre, et dont les membres sont au nombre de vingt-huit; dix-sept, étrangers à la profession de l'enseignement, et sur la désignation desquels le gouvernement n'exerce aucune influence, représentent plus particulièrement les familles; onze autres, nommés par l'empereur, éclairent les délibérations par des lumières acquises dans la pratique de l'éducation et de l'instruction de la jeunesse.

Sous l'autorité du Conseil supérieur, il existe, en outre, dans chaque département, un Conseil académique, dont quelques membres sont désignés par le gouvernement, et d'autres, en plus grand nombre, doivent leur nomination à l'élection ou aux fonctions dont ils sont déjà revêtus.

Ainsi donc, le ministre, le Conseil supérieur

de l'instruction publique, les Conseils académiques, telles sont les différentes autorités préposées à l'enseignement, qui lui-même se divise en enseignement primaire et secondaire.

L'enseignement primaire comprend l'instruction morale et religieuse, — la lecture, — l'écriture, — les éléments de la langue française, — le calcul et le système légal des poids et mesures ; — il peut comprendre, en outre, l'arithmétique appliquée aux opérations pratiques, — les éléments de l'histoire et de la géographie, — des notions des sciences physiques et de l'histoire nationale applicables aux usages de la vie, — des instructions élémentaires sur l'agriculture, l'industrie et l'hygiène, l'arpentage, le nivellement, le dessin linéaire, le chant et la gymnastique.

L'enseignement primaire est donné gratuitement à tous les enfants dont les familles sont hors d'état de payer.

Quant à l'enseignement secondaire, il doit faire l'objet, pour tout établissement qu'il s'agit de créer, d'un programme spécial, qui est soumis au recteur de l'Académie.

La loi reconnaît deux espèces d'écoles primaires ou secondaires :

1° Les écoles fondées ou entretenues par les communes, les départements ou l'État, et qui prennent le nom d'*écoles publiques* ;

2° Les écoles fondées ou entretenues par des particuliers ou des associations, et qui prennent le nom d'*écoles libres*.

Les unes et les autres sont soumises à de nombreuses inspections.

Toute commune doit entretenir une ou plusieurs écoles primaires, fournir à l'instituteur un local convenable, tant pour son habitation que pour la tenue de l'école, le mobilier de classe et un traitement.

Les instituteurs communaux sont nommés par le conseil municipal de chaque commune, et choisis soit sur une liste d'admissibilité et d'avancement dressée par le conseil académique du département, soit sur la présentation qui est faite par les supérieurs pour les membres des associations religieuses vouées à l'enseignement et autorisées par la loi ou reconnues comme établissements d'utilité publique ; les consistoires jouissant du droit de présentation pour les instituteurs appartenant aux cultes non catholiques.

A côté de ces écoles communales, tout Français (1) âgé de vingt-et-un ans accomplis peut créer une *école libre* en se conformant aux prescriptions de la loi, c'est-à-dire qu'il doit : 1° faire une *déclaration préalable* de son intention au maire de la commune, au procureur impérial et au sous-préfet de l'arrondissement, au recteur de l'Académie ; 2° justifier d'un brevet de capacité ; mais ce brevet peut être suppléé soit par un certificat de stage délivré par le conseil académique, soit par un diplôme de bachelier, soit par un certificat constatant qu'on a été admis dans une des écoles spéciales de l'État, soit par le titre de ministre non interdit ni révoqué de l'un des cultes reconnus par l'État.

(1) Sont incapables de tenir une école publique ou libre, ou d'y être employés, des individus qui ont subi une condamnation pour crime ou pour un délit contraire à la probité ou aux mœurs, les individus privés par jugement de tout ou partie des droits mentionnés en l'article 42 du Code pénal, et ceux qui ont été interdits en vertu des art. 30 et 33 de la présente loi (art. 26 de la loi du 15 mars 1850).

En ce qui concerne l'enseignement secondaire, les *établissements publics* sont : les lycées et les colléges communaux.

Les lycées sont fondés et entretenus par l'État, avec le concours des départements et des villes.

Les colléges communaux sont fondés et entretenus par les communes, avec ou sans subvention de l'État.

Mais des *établissements libres* peuvent être fondés par tout Français âgé de vingt-cinq ans au moins, n'ayant encouru aucune des incapacités comprises dans l'article 26 de la loi du 15 mars 1850.

Ce citoyen doit faire la déclaration de son intention au recteur de l'Académie dans le ressort de laquelle il se trouve, et déposer entre les mains de ce fonctionnaire 1° un certificat de stage constatant qu'il a rempli, pendant cinq ans au moins, les fonctions de professeur ou de surveillant dans un établissement d'instruction secondaire public ou libre ; 2° soit le diplôme de bachelier, soit un brevet de capacité, délivré par un jury d'examen dans la forme déterminée par l'article 62 de la loi du 15 mars 1850 ; 3° le plan du local et l'indication de l'objet de l'enseignement.

Quant aux écoles secondaires ecclésiastiques, il ne peut en être établi de nouvelles sans l'autorisation du gouvernement.

Sous l'influence de cette loi, dont nous avons essayé de donner une idée sans avoir la prétention de l'analyser en si peu de mots, sous son influence, disons-nous, les *écoles libres* se sont multipliées de toutes parts sans enlever à l'enseignement le caractère national qu'il doit conserver ; l'État a des écoles, des colléges, des lycées, mais il encourage la concurrence, il n'est plus exclusif ; l'éducation est une, mais la concurrence la rend conforme au caractère, à l'esprit, au vœu de la nation. L'expérience prouve ainsi que, s'il était juste d'écrire la liberté d'enseignement dans la Constitution, il était encore plus nécessaire de la mettre en pratique. Il en est ainsi de toutes les libertés : ce ne sont pas elles qui sont à craindre, mais l'excès qu'on peut en faire.

LIBERTÉ DE L'INDUSTRIE

I

Les législateurs de 1791 ont transporté dans le domaine de l'industrie les grands principes d'égalité et de liberté.

Les priviléges de profession connus dans l'ancien régime sous le nom de jurandes, maîtrises, etc., constituaient, dans l'industrie et le commerce, une organisation analogue à celle de la féodalité en politique. Celui qui voulait exercer un métier, était obligé de débourser, pour sa maîtrise, une somme considérable dont profitaient, partie la corporation dans laquelle il s'engageait, et partie le Trésor public.

L'Assemblée constituante voulut *rendre libre* la faculté de travailler, qui est un des premiers droits de l'homme, et affranchir du privilége cette propriété du travail qui est la plus sacrée et la plus imprescriptible de toutes.

La loi des 2-17 mars 1791, portant suppression de tous les droits d'aides, de toutes les maîtrises et jurandes et établissements de patente, fut un grand bienfait au point de vue de l'organisation libérale de l'industrie.

« C'est à la suppression des maîtrises, des jurandes, de toutes les gênes imposées à l'industrie qu'il faut attribuer l'accroissement des manufactures et l'esprit d'entreprise qui s'est montré de toute part, disait Mme de Staël (1). Une nation depuis longtemps attachée à la glèbe, est sortie, pour ainsi dire, de dessous terre, et on s'étonne encore, malgré les fléaux de la discorde civile, de tout ce qu'il y a de talent, de richesses et d'émulation dans un pays qu'on délivre de la triple chaîne d'une église intolérante, d'une noblesse féodale et d'une autorité royale sans limites! »

(1) *Considérations sur la Révolution française.*

C'est qu'en effet la liberté est le levier le plus énergique de l'accroissement de la production.

« C'est la liberté de l'industrie, aidée par l'affranchissement du sol, a dit M. Wolowski (1), qui, en moins d'un demi-siècle, a doublé la masse du revenu national ; c'est elle qui nous a permis de soutenir, contre l'Europe entière, une lutte de géants, de pourvoir aux sacrifices de la République, aux guerres de l'Empire. aux milliards d'indemnité de la Restauration, sans épuiser nos ressources, en ajoutant, au contraire, d'année en année, à la richesse publique. »

La faculté de choisir un état, de l'exercer suivant le mode et avec l'extension qu'on juge utile d'adopter et de vendre ses produits de la manière qui semble la plus avantageuse, répond aux droits les plus sacrés de l'homme et imprime une excitation féconde à la richesse nationale. Le libre emploi des forces les élève à leur plus grande puissance... Mais on ne tarda pas à comprendre que, pour em-

(1) *Organisation du Travail.*

pêcher la liberté de dégénérer en fraude, en monopole et en oppression des incapables, et pour lui donner un appui tutélaire, il fallait tout un ensemble de lois, de réglements de police. On sentit, ensuite, la nécessité de créer les institutions complémentaires que la prévoyance de l'État, substituée aux garanties incomplètes des anciennes corporations, devait susciter, encourager et établir (1).

C'est ainsi que sont nées les dispositions nombreuses qui ont déjà pris place dans notre code industriel.

C'est ainsi que les lois pénales sur les *coalitions* (Code pénal, art. 414 et suivants) servent de sanction à ce principe de la liberté industrielle.

Toute coalition de la part des ouvriers pour cesser en même temps de travailler, interdire le travail dans un atelier, empêcher de s'y rendre avant ou après certaines heures, et en général pour suspendre, empêcher, enchérir les travaux, s'il y a eu tentative ou commencement d'exécution, est punie d'un emprison-

(1) M. Wolowski.

nement de six jours à trois mois et d'une amende de seize francs à trois mille francs.

Et par une juste réciprocité, la même peine est encourue par ceux qui font travailler les ouvriers lorsqu'il y a entre eux une coalition tendant à forcer l'abaissement des salaires.

Dans les deux cas, les chefs ou moteurs sont punis d'un emprisonnement de deux à cinq ans.

II

Il n'entre pas dans notre plan de rechercher et d'indiquer ici toutes les restrictions que la loi a cru devoir apporter à la liberté industrielle dans le but de la réglementer.

Il nous suffit de constater que cette liberté existe toujours, qu'elle est passée dans nos mœurs, et que c'est grâce à elle que depuis soixante ans une remarquable transformation économique s'est opérée dans tous les États européens, mais particulièrement en France.

Le sol, affranchi chez nous des priviléges, a été livré à de nouvelles cultures; il s'est divisé, et le nombre des propriétaires s'est accru dans des proportions considérables.

« Comparez, a dit M Lafond (1), la carte de Cassini terminée au début de la révolution. avec l'état actuel des campagnes ; suivez et comptez le long des routes ces innombrables maisonnettes simples et gaies comme les familles qu'elles abritent, sorties de terre depuis 89 et qui ont toutes, comme une verte et riante ceinture, leur prairie et leur jardin ; c'est là propriété populaire créée par la Révolution.

» La démocratie rurale a succédé aux grands barons et aux puissants monastères.

» Dès 89 surtout, le peuple des campagnes s'est jeté sur la grande propriété, il l'a dépecée et fécondée... il y a prodigué sa sueur, sa patience, son économie .. La loi de partage égal est la chair et le sang de la France ; on ne saurait y toucher sans danger. La France veut toujours être démocratique dans son sol comme elle l'est dans son capital qui circule en sources infinies, comme elle l'est

(1) Discours au Corps législatif.

dans son Code qui ne laisse plus place à aucun privilége et qui passe sur toutes les exigences le niveau du droit commun. »

Aujourd'hui, chaque individu consomme une plus grande masse d'aliments que dans le siècle dernier. Et ce qu'il faut surtout remarquer, c'est que l'alimentation des peuples n'est plus exposée à ces terribles perturbations causées par les disettes et les famines si fréquentes jusqu'au commencement du dix-neuvième siècle; la variété des cultures et les perfectionnements agricoles ont conjuré ce double fléau d'une manière presque absolue.

Quant au travail manufacturier, il a grandi d'une manière prodigieuse. Les matières ouvrées se sont accrues dans des proportions au moins aussi fortes que les substances alimentaires, et l'on peut dire sans exagération que la masse des tissus de toute espèce a plus que quadruplé depuis soixante ans.

Jamais les populations n'ont été mieux nourries, mieux vêtues et logées qu'elles ne le sont aujourd'hui.

III

Nous n'entendons certes pas dire qu'il n'y ait encore de douloureuses exceptions. Mais nous soutenons que, sous l'empire de la liberté industrielle, le sort des classes laborieuses s'est considérablement amélioré.

Et s'il était besoin d'invoquer des preuves à l'appui de cette assertion, elles ne nous feraient certes pas défaut.

On sait, en effet, que la vie moyenne s'est accrue en France depuis le commencement du siècle et que, sous ce rapport, quelques-uns de nos départements présentent des phénomènes extraordinaires.

Un autre symptôme des progrès de l'aisance, c'est la progression toujours croissante des impôts indirects, surtout lorsque l'accroissement s'applique à des objets de consommation qui ne sont pas d'une nécessité absolue, rigoureuse pour les classes laborieuses. De ce nombre sont les taxes sur es boissons et sur les tabacs qui donnent lieu à des perceptions vraiment incroyables.

Vainement objecterait-on que ce fait ne prouverait que l'intempérance des ouvriers. L'objection aurait quelque valeur si une grande partie des salaires ne prenait le chemin des caisses d'épargne et de la caisse des retraites. Mais le compte-rendu de ces bienfaisantes institutions nous apprend que le nombre des déposants, parmi les ouvriers, est toujours de plus en plus grand, et que les dépôts n'ont jamais été aussi élevés qu'ils le sont aujourd'hui. N'est-ce pas une circonstance merveilleuse que cette accumulation de plusieurs centaines de millions par les classes laborieuses dans un petit nombre d'années ; ces épargnes spontanées, qui sont un témoignage éclatant de ce que peuvent le travail et l'esprit d'ordre, favorisés par la liberté ? Cela ne témoigne-t-il pas de l'efficacité de nos institutions et de notre système économique pour réaliser le progrès ?

La création des caisses d'épargnes est un des éléments les plus puissants d'amélioration populaire, et en les adoptant, les classes laborieuses ont compris, avec un admirable bon sens, que l'épargne, qui ajoute aux instruments de travail et devient la source de capitaux productifs, est appelée à jouer un grand rôle dans leur émancipation progressive.

Si tout n'est pas encore pour le mieux dans notre organisation actuelle de l'industrie, il serait du moins injuste de ne pas reconnaître que beaucoup de bonnes mesures ont déjà été prises, et que le pouvoir se montre animé de la plus vive sollicitude pour les travailleurs. Tel qu'il est, avec ses libertés et sa concurrence, notre système économique peut suffire aux nécessités du temps.

Gardons-nous donc de nous jeter dans des essais de prétendues réformes qu'on a déjà présentées et qu'on présentera peut-être encore comme des remèdes universels. Ayons peu de foi en des espérances de rénovation subite et totale renfermées dans des formules pompeuses et vagues. Nous arriverons plus sûrement au but en cherchant avec ferveur les occasions, si petites qu'elles soient, d'introduire toute amélioration qui sera indiquée par le sentiment public.

LIBERTÉ COMMERCIALE

I

Le siècle qui a vu naître les chemins de fer et le télégraphe électrique, ces merveilleux véhicules qui transportent avec une célérité inespérée les hommes, les choses et les idées, ne pouvait rester plus longtemps sous le joug du régime douanier, fondé sur l'isolement.

Le système prohibitif que tous les traités d'économie politique, sans exception, depuis Adam Smith, signalaient comme injuste et vexatoire, comme une cause d'appauvrissement pour tout pays qui l'admet, ce système était devenu pour notre époque un contresens.

Il s'agissait donc de substituer l'égalité de

liberté à des prohibitions, à des taxes qu'on prétendait être également réparties et qui l'étaient avec une inégalité extrême ; il s'agissait de supprimer les impôts que des particuliers prélèvent sur le public, sauf quelques cas où la raison d'État en commanderait le maintien dans une certaine mesure; de proportionner ces impôts à l'utilité publique et de poser en principe qu'ils sont non pas permanents mais provisoires.

Cette réforme économique avait déjà été opérée en Angleterre.

Napoléon III n'a pas voulu que la France l'ajournât plus longtemps, et il l'a accomplie malgré tous les préjugés, tous les intérêts qui se coalisaient pour y mettre obstacle.

D'après la constitution de 1791, il appartenait au roi d'arrêter et de signer avec toutes les puissances étrangères les traités de commerce, mais sauf *ratification du Corps législatif*.

Les chartes de 1814 et 1830 attribuèrent le droit de faire ces traités au roi seul, dont la signature engageait l'État, sauf la responsabilité ministérielle.

La constitution de 1852 (sénatus-consulte du 23 décembre 1852, art. 3) est allé plus loin en édictant que les traités de commerce faits par l'empereur *ont force de loi pour les modifications de tarifs qui y sont stipulées.*

De là, il résulte que lorsque le gouvernement français conclut un traité avec des puissances qui, par le fait de leurs constitutions propres, ne prennent que des engagements conditionnels, subordonnés à la sanction d'un corps délibérant, comme l'Angleterre et la Belgique, par exemple ; il en résulte, disons-nous, que les concessions que nous faisons, si préjudiciables qu'elles puissent être pour nos intérêts, ont un caractère définitif, tandis que les termes consentis du côté opposé peuvent être réformés par la volonté des assemblées législatives dans l'exercice de leur intervention constitutionnelle.

Cette conséquence légale de la conclusion d'un traité de commerce est tellement grave pour la France, que le souverain ne saurait s'entourer de trop de lumières avant de signer un traité de cette nature qui touche à tant d'intérêts vitaux.

C'est donc en vue de donner une garantie de plus à ces intérêts divers qu'un décret, en date du 26 février 1853, a créé le conseil supérieur du commerce, de l'agriculture et de l'industrie, composé d'hommes ayant fait une étude approfondie des questions économiques et chargés de donner leur avis lorsque le gouvernement croit devoir le leur demander.

Koll-Bernard (1) a-t-il eu raison de se plaindre que les traités de commerce récemment conclus par le gouvernement impérial n'eussent pas été précédés d'enquêtes, de délibérations du conseil supérieur du commerce?

M. le président du conseil d'État a répondu que ces délibérations préalables à un traité de commerce sont complétement en dehors de toute possibilité et de toute utilité, qu'elles auraient pour résultat de surexciter tous les intérêts engagés dans le projet, de provoquer des spéculations qui, plus tard, seraient nuisibles à l'industrie et surtout à la consom-

(1) Discussion du budget de 1862 au Corps législatif.

mation ; qu'à, l'occasion du traité avec l'Angleterre, il y avait eu d'autant moins lieu d'avoir recours à une instruction préalable que ce traité, dont la responsabilité a été acceptée par des hommes d'État ayant mûrement étudié toutes ces questions, était seulement destiné à poser des principes, des *maxima*, et qu'en définitive c'était par une convention ultérieure que la véritable question douanière devait être tranchée.

« Eh bien ! a ajouté M. Baroche, qu'a-t-on fait avant d'arriver à cette convention ultérieure ?..., Vous connaissez tous la longue et solennelle enquête qui a été, par les soins du conseil supérieur et sous la direction de M. le ministre du commerce, poursuivie pendant plusieurs mois, et qui, indépendamment des résultats qu'elle a su produire pour les conventions d'octobre et de novembre 1860 et pour le traité belge qu'elle a préparé, restera certainement l'œuvre la plus considérable qui ait jamais été accomplie pour l'étude et l'examen des intérêts commerciaux et industriels de la France, de l'Angleterre et de la Belgique. »

II

Le traité conclu avec l'Angleterre le 23 janvier 1860, se borne, en effet, sauf la levée des prohibitions, à poser des limites en dedans desquelles les droits spécifiques ou autres devaient être définitivement établis.

Il s'occupe successivement :

1° De tous les objets manufacturés comprenant les articles de Paris, la bijouterie, l'orfévrerie, les modes, la ganterie, les fleurs artificielles, etc.;

2° Des tissus de soie de toute nature ;

3° Des vins ;

4° Des eaux-de-vie.

Tous les objets manufacturés compris sous le n° 1 et qui représentent dans le mouvement de notre importation pour la Grande-Bretagne au moins 60 millions, ont été admis à des droits inférieurs de moitié à ceux qu'ils supportaient précédemment.

Dans deux ans au plus tard, à dater du 23

janvier 1860, ces articles seront importés en franchise absolue, exempts de toute perception fiscale et de toutes formalités douanières toujours dispendieuses, sauf toutefois l'orfévrerie qui paiera un droit représentatif du droit de marque auquel est assujettie l'orfévrerie anglaise.

En ce qui concerne tous les tissus de soie, le traité stipule l'admission en *franchise*. Or, la rare perfection des produits de cette branche industrielle, qui a grandi à l'abri d'un régime libéral et qui est l'une de nos gloires, nous assure les plus précieux débouchés sur un marché que sa richesse rend accessible à tous les articles de luxe (1).

L'exportation de nos produits naturels a obtenu des avantages non moins considérables.

Le droit à l'importation des vins en Angleterre se trouve réduit de 151 fr. 33 c. qu'il

(1) Dans le cours de la discussion du budget, M. Reveil a fait observer avec raison que l'industrie lyonnaise des soieries, momentanément atteinte par la crise américaine, trouvera dans le traité de commerce des causes de grand développement.

était, à 28 fr. par hectolitre. Une si large réduction était nécessaire pour opérer une révolution dans les habitudes du public anglais et populariser l'usage des vins de France dans le royaume-uni.

Quant aux *eaux-de-vie de France*, le nouveau régime place nos importations dans des conditions de rigoureuse égalité avec les distillateurs anglais, c'est à dire que le droit de douane n'est ni plus ni moins fort que le droit d'accise sur les spiritueux de fabrication nationale, soit 218 fr. 10 cent. par hectolitre.

Ce droit de douane était, il y a peu d'années, à 619 fr., et par l'effet d'un premier abaissement à 412 fr. 72 cent., il arriva que notre importation en eau-de-vie augmenta de 50 0/0.

Que n'y a-t-il pas à espérer des nouvelles et libérales conditions qui sont intervenues ?

Les modifications apportées au tarif français peuvent se résumer ainsi :

1° Levée des prohibitions ;

2° Remplacement de ces prohibitions par des droits qui ne pourront excéder, en aucun cas, 30 0/0 de la valeur pendant la première période du traité, et 25 0/0 pendant la seconde qui commencera le 1er octobre 1864 ;

3° Remaniement des tarifs grevant certains articles non prohibés, et dont la plupart n'atteignent pas aujourd'hui la limite maximum que nous venons d'indiquer ;

4° Diminution des droits sur la houille et sur le coke ;

5° Réduction des droits actuels sur les fontes, les fers et les aciers.

Les traités de commerce largement conçus, tels que celui dont nous venons d'indiquer les principales conditions, sont de ces contrats où aucune des deux parties ne fait de perte et ne subit de sacrifice, et d'où, au contraire, toutes les deux retirent un avantage manifeste, un gain considérable. — Car l'expérience l'a constaté, comme au surplus la théorie l'indiquait, dans la situation actuelle des peuples civilisés, avec l'esprit industrieux qui les anime, l'accroissement des importations est nécessairement suivi de l'augmentation des exportations. C'est ce qui s'exprime par cette formule bien connue et passée à l'état d'axiome : *Les produits se payent avec les produits.*

Une fois entré dans la voie de la *liberté commerciale,* le gouvernement ne devait ni ne voulait s'arrêter, le traité de commerce entre la France et l'Angleterre ayant eu pour objet de changer profondément les rapports commerciaux de la France avec les autres nations. — A ce changement, le gouvernement procède par des traités séparés avec chacun des États, et il est impossible de méconnaître que par là il rend service à la civilisation même, car de cette manière la législation commerciale de tous les États éprouvera une révolution profitable à tous et à chacun (1).

Déjà a été publié un traité avec la Belgique, conçu sur des bases également libérales. — En outre, on assure qu'indépendamment des négociations entamées avec la Prusse pour un traité de commerce avec le Zollverein, d'autres vont s'ouvrir avec la Suisse et l'Es-

(1) M. Baudrillart, *Journal des Débats.*

pagne, et probablement avec le nouveau royaume d'Italie.

Les traités déjà conclus ont donné lieu à beaucoup de funestes prophéties, qui heureusement ne se réaliseront pas.

Les établissements métallurgiques, notamment, ont prétendu qu'ils seraient ruinés par la concurrence anglaise.

Écoutons la réponse qui leur a été faite par M. le ministre président du conseil d'État :

« Avez-vous entendu assez de plaintes, a dit M. Baroche (1), assez de doléances à l'avance relativement à l'industrie des fers, quand nous avons proposé de tarifer à 7 fr. le fer et à 2 fr. 50 la fonte brute? nous a-t-on dit assez souvent et assez violemment que nous allions tuer tous les établissements métallurgiques, que nous serions envahis par les fers anglais et les fontes anglaises?

» Il y a sept mois qu'à cet égard le traité anglais a reçu son exécution. Savez-vous ce qu'il est entré de fers en barres au-delà de ce qu'il en entrait avant l'abaissement du droit? Il est entré 140,000 kilogrammes depuis le 1er novembre 1860. C'est, vous le voyez, véritablement comme si la prohibition existait encore.

» Et quant à la fonte, qu'on considérait comme beaucoup plus exposée, et elle l'était en effet, il en est entré 30,923,000 kilogrammes. Mais contre quelle production nationale? Contre une production française de

(1) Discussion du budget au Corps législatif.

8 millions et demi de quintaux métriques ; de sorte que c'est, relativement à la production de notre pays, une importation infinitésimale de fonte anglaise depuis le 1er novembre 1860, depuis sept mois.

» Cette importation se développera-t-elle? Je vous déclare que je le crois, et j'ajoute que je le désire, car ce n'est pas pour des résultats aussi insignifiants, relativement à la masse totale de la production française, que le traité a été fait.

» Mais ce que je veux dire encore à la Chambre, en terminant, c'est que, d'une part, tous nos centres manufacturiers de l'Alsace, du département du Nord, dont l'honorable M. Kolb-Bernard est un des représentants ; de la Seine-Inférieure et des autres départements où il existe des industries textiles, sont loin d'être en souffrance en ce moment, et je pourrais dire, avec les états que j'ai entre les mains, qui sont mieux connus de mes honorables contradicteurs que de moi-même, que ces industries, à Mulhouse, à Roubaix, sont dans un état de prospérité véritable ; que des commandes en grande quantité y ont été faites, qu'aucun chômage ne s'y est manifesté, et que, même à Roubaix particulièrement, on a dû augmenter le salaire des ouvriers, parce que les ouvriers y étaient rares, bien que cependant il y ait dans cette contrée 60,000 ouvriers belges qui viennent, et je ne m'en plains pas, faire concurrence aux ouvriers français ; on n'a jamais demandé la prohibition de ces auxiliaires étrangers, dans l'intérêt du travail national, et on a très bien fait. Mais enfin il y a là 60,000 ouvriers belges qui trouvent, concurremment avec un nombre bien plus considérable encore d'ouvriers français, des salaires élevés, quelquefois même plus élevés qu'avant le traité.

» Telle est la situation actuelle. Se maintiendra-t-elle? Je l'espère ; j'en suis convaincu. Mais, pour ne parler que de l'actualité, je crois que nous pouvons repousser ces appréhensions que l'on manifeste, et les repousser d'autant plus (je demande la permission de terminer par cette considération que je recommande à l'attention de la Chambre et de nos honorables contradicteurs) que ces appréhensions si hautement manifestées sont un danger considérable pour nos industriels, en ce qu'elles portent atteinte au crédit de ceux d'entre eux qu'on signale comme étant à la veille de la ruine, comme devant être, d'ici à quelques mois, frappés par les traités belges et anglais. Elles seraient de nature, si la vitalité de notre industrie n'était pas si grande, non pas à produire un tel résultat, assurément, mais à concourir pour une part très considérable, et surtout pour les industriels dont le crédit est restreint, à la production du mal qu'on nous fait entrevoir, et qui, je l'espère, ne se réalisera pas. » (Vive approbation.)

M. Baroche a raison, croyons-nous, et l'approbation qu'il a reçue du Corps législatif nous prouve que la cause des idées libérales est, dès à présent, une cause gagnée : que celle des intérêts factices et d'un système de production artificielle est tout à fait perdue.

Sans doute la réforme douanière soulève ici, comme elle a soulevé jadis de l'autre côté du détroit, des luttes, des résistances, des inquiétudes ; mais en France comme en Angleterre, elle produira d'immenses résultats dans le régime industriel et commercial.

La prohibition violait les lois de la nature, constituait une atteinte portée à la liberté du travail, à la liberté individuelle.

Gloire et reconnaissance au gouvernement qui a eu le courage de la renverser.

CONCLUSION

Les principes de 1789 consacrent les droits naturels et imprescriptibles de l'homme : l'*égalité*, la *liberté*, la *propriété*, la *sûreté*. Ces principes reconnus, proclamés, acceptés par tous les partis, sont, suivant l'heureuse expression de M. Emile Ollivier, pour toute constitution, ce que l'âme est au corps, la flamme vive sans laquelle rien n'existe. Ces principes sont impérissables et feront le tour du monde.

Mais si la France aime passionnément l'égalité, si elle tient à la liberté, elle comprend que, sans *ordre*, elle serait privée de ces précieuses garanties. L'expérience de nos nombreuses révolutions ne le lui a que trop prouvé. Aussi a-t-elle invoqué le principe d'autorité si fermement consacré par Napoléon, et en entourant ce grand nom d'une immense popularité posthume, elle a exprimé la volonté bien arrêtée de se voir, de se sentir gouvernée.

Il y a donc deux principes en présence. celui de la liberté et celui de l'autorité.

La France veut la conciliation de ces deux principes. Elle ne veut pas que l'un soit sacrifié à l'autre.

En 1799, la France était profondément bouleversée. Napoléon la dota d'une organisation qui reconstitua ses finances, rétablit son organisation, fonda son industrie, qui a résisté à deux invasions du territoire, à trois grandes révolutions, cela est vrai ; cette organisation est restée debout quand tout tombait autour d'elle, preuve éclatante qu'elle est bonne.

Mais cette organisation a eu pour résultat de trop centraliser le pouvoir, de ne pas tenir suffisamment compte des libertés, des franchises locales ; elle est trop faite à l'image de Napoléon Ier, dont le caractère était tout d'une pièce.

A une telle organisation permettant au pouvoir de donner une impulsion qui, instantanément, descend sans secousses et sans détours jusqu'aux dernières fractions du territoire, à une telle organisation, disons-nous, il eût fallu des modérateurs sérieux, capables de servir de frein à la machine gouvernementale ; un Corps législatif et un Sénat fortement constitués, c'est-à-dire ayant le plein et libre exercice de leurs attributions ; des conseils généraux et des conseils municipaux jouissant d'une suffisante liberté, exclusivement chargés du réglement des affaires locales ; une presse indépendante.

Il eût fallu, en un mot, que le gouvernement ne s'occupât que des intérêts généraux, abandonnant aux communes et aux départements le soin de s'administrer eux-mêmes.

De cette façon, on aurait concilié l'*unité* dont la France a besoin et le sentiment de dignité, d'indépendance que sent en lui le citoyen qui prend part aux affaires publiques.

Malheureusement, Napoléon, dont les défauts étaient l'exagération de ses grandes qualités, n'avait aucun penchant pour le régime parlementaire ; il était trop personnel pour vouloir partager le pouvoir.

Il voulut avoir seul les rênes en main, oubliant que les chevaux peuvent s'emporter, et que, faute de frein, la voiture verse.

Napoléon III, nous l'avons déjà dit, n'est pas le disciple de son oncle ; il l'a déjà prouvé et il le prouvera encore en élargissant le cercle de nos libertés publiques. Sous son règne, le gouvernement et l'administration ne descendront jamais sur les bancs du Corps législatif, mais il émancipera les communes et les départements ; il leur fera une part plus large d'air et de soleil ; il donnera de plus grandes garanties à la presse, à la liberté individuelle ; il élargira la base sur laquelle repose le pouvoir que lui a confié la nation, afin qu'on ne puisse pas dire que nos mœurs valent mieux que nos institutions.

« Tous les gouvernements, dit M. Odilon
» Barrot (1), se sont épuisés, jusqu'à ce jour.

(1) *De la Centralisation et de ses effets*, p. 161.

» en efforts persévérants pour accroître leur » puissance, et par cela même leur respon- » sabilité. Le premier souverain qui, en » France, suivra une marche opposée et qui » emploiera tout ce qu'il possédera d'in- » fluence et d'énergie à diminuer son pou- » voir et à forcer les citoyens à prendre, avec » leur part dans le gouvernement, leur part » aussi dans la responsabilité, fera preuve » non seulement d'un libéralisme éclairé, mais » montrera encore un grand sens politique, » car il aura trouvé le vrai secret de durer. »

Espérons que Napoléon III sera le souverain dont parle M. Odilon Barrot.

Cet espoir ne serait guère fondé si le pays ne devait pas obtenir d'autres concessions que celles annoncées, prophétisées par M. Billault dans la séance du 18 juin au Corps-législatif. — Mais nous ne voulons pas admettre que ce Ministre ait été l'interprète de la volonté de l'Empereur lorsqu'il a présenté le décret du 24 novembre comme un acte destiné à clore irrévocablement l'ère du progrès que l'on croyait seulement inauguré par ce *proprio motu* impérial.

Nous ne sommes certes pas de ceux qui voudraient que l'Empereur se laissât peu à peu désarmer et amoindrir pour bientôt tomber de faiblesse et d'impuissance, mais M. Billault lui-même l'a dit : « L'Empereur » sait que la France attend de lui un gouver- » nement libéral, modéré, mais fort et résolu, » un gouvernement glorieux et respecté, un » gouvernement d'origine nationale et de » tendances populaires. »

Les considérations invoquées par M. Billault pour justifier l'immobilité politique sont celles que nous invoquons nous-même pour demander une marche sage, mais progressive, dans la voie des idées libérales.

FIN

TEXTE ET DOCUMENTS

DISSOLUTION DE L'ASSEMBLÉE NATIONALE

LE PRÉSIDENT DE LA RÉPUBLIQUE,

Décrète :

ART. 1er. L'Assemblée nationale est dissoute.

ART. 2. Le suffrage universel est rétabli. La loi du 31 mai est abrogée.

ART. 3. Le peuple français est convoqué dans ses comices à partir du 14 décembre jusqu'au 21 décembre suivant.

ART. 4. L'état de siége est décrété dans l'étendue de la 1re division militaire.

ART. 5. Le conseil d'État est dissous.

ART. 6. Le ministre de l'intérieur est chargé de l'exécution du présent décret.

Fait au palais de l'Élysée, le 2 décembre 1851.

LOUIS-NAPOLÉON BONAPARTE.

Le Ministre de l'Intérieur :

DE MORNY.

CONSTITUTION

(14 janvier 1852)

LE PRÉSIDENT DE LA RÉPUBLIQUE,

Considérant que le peuple français a été appelé à se prononcer sur la résolution suivante :

« Le peuple veut le maintien de l'autorité de *Louis-Napoléon Bonaparte*, et lui donne les pouvoirs nécessaires pour faire une Constitution d'après les bases établies dans sa proclamation du 2 décembre ; »

Considérant que les bases proposées à l'acceptation du peuple étaient :

« 1° Un chef responsable nommé pour dix ans ;

» 2° Des ministres dépendant du pouvoir exécutif seul ;

» 3° Un conseil d'État formé des hommes les plus distingués, préparant les lois et en soutenant la discussion devant le Corps législatif ;

» 4° Un Corps législatif discutant et votant les lois, nommé par le suffrage universel, sans scrutin de liste qui fausse l'élection ;

» 5° Une seconde assemblée formée de toutes les illustrations du pays, pouvoir pondérateur, gardien du pacte fondamental et des libertés publiques. »

Considérant que le peuple a répondu affirmativement par sept millions cinq cent mille suffrages,

PROMULGUE LA CONSTITUTION dont la teneur suit :

TITRE Ier.

ART. 1er. La Constitution reconnaît, confirme et garantit les grands principes proclamés en 1789, et qui sont la base du droit public des Français.

TITRE II.

Forme du gouvernement de la République.

ART. 2. Le gouvernement de la République française est confié pour dix ans au prince *Louis-Napoléon Bonaparte*, président actuel de la République.

ART. 3. Le président de la République gouverne au moyen des ministres, du Conseil d'État, du Sénat et du Corps législatif.

ART. 4. La puissance législative s'exerce collectivement par le président de la République, le Sénat et le Corps législatif.

TITRE III.

Du président de la République.

ART. 5. Le président de la République est responsable devant le peuple français, auquel il a toujours le droit de faire appel.

Art. 6. Le président de la République est le chef de l'État ; il commande les forces de terre et de mer, déclare la guerre, fait les traités de paix, d'alliance et de commerce, nomme à tous les emplois, fait les réglements et décrets nécessaires pour l'exécution des lois.

Art. 7. La justice se rend en son nom.

Art. 8. Il a seul l'initiative des lois.

Art. 9. Il a le droit de faire grâce.

Art. 10. Il sanctionne et promulgue les lois et les sénatus-consultes.

Art. 11. Il présente, tous les ans, au Sénat et au Corps législatif, par un message, l'état des affaires de la République.

Art. 12. Il a le droit de déclarer l'état de siége dans un ou plusieurs départements, sauf à en référer au Sénat dans le plus bref délai.

Les conséquences de l'état de siége sont réglées par la loi.

Art. 13. Les ministres ne dépendent que du chef de l'État; ils ne sont responsables que chacun en ce qui le concerne des actes du gouvernement; il n'y a point de solidarité entre eux. Ils ne peuvent être mis en accusation que par le Sénat.

Art. 14. Les ministres, les membres du Sénat, du Corps législatif et du Conseil d'État, les officiers de terre et de mer, les magistrats et les fonctionnaires publics prêtent le serment ainsi conçu :

« *Je jure obéissance à la Constitution, et fidélité au Président.* »

Art. 15. Un sénatus-consulte fixe la somme allouée annuellement au président de la République pour toute la durée de ses fonctions.

Art. 16. Si le président de la République meurt avant l'expiration de son mandat, le Sénat convoque la nation pour procéder à une nouvelle élection.

Art. 17. Le chef de l'État a le droit, par un acte secret et déposé aux archives du Sénat, de désigner le nom du citoyen qu'il recommande, dans l'intérêt de la France, à la confiance du peuple et à ses suffrages.

Art. 18. Jusqu'à l'élection du nouveau président de la République, le président du Sénat gouverne avec le concours des ministres en fonctions, qui se forment en conseil de gouvernement, et délibèrent à la majorité des voix.

TITRE IV.

Du Sénat.

Art. 19. Le nombre des sénateurs ne pourra excéder cent cinquante : il est fixé, pour la première année, à quatre-vingts.

Art. 20. Le Sénat se compose :

1° Des cardinaux, des maréchaux, des amiraux ;

2° Des citoyens que le président de la République juge convenable d'élever à la dignité de sénateur.

Art. 21. Les sénateurs sont inamobibles et à vie.

Art. 22. Les fonctions de sénateur sont gratuites ; néanmoins, le président de la République pourra accorder à des sénateurs, en raison de services rendus et de leur position de fortune, une dotation personnelle qui ne pourra excéder trente mille francs par an.

Art. 23. Le président et les vice-présidents du Sénat sont nommés par le président de la République, et choisis parmi les sénateurs.

Ils sont nommés pour un an.

Le traitement du président du Sénat est fixé par un décret.

Art. 24. Le président de la République convoque et proroge le Sénat. Il fixe la durée des sessions par un décret.

Les séances du Sénat ne sont pas publiques.

Art. 25. Le Sénat est le gardien du pacte fondamental et des libertés publiques. Aucune loi ne peut être promulguée avant de lui avoir été soumise.

Art. 26. Le Sénat s'oppose à la promulgation :

1° Des lois qui seraient contraires ou qui porteraient atteinte à la Constitution, à la religion, à la morale, à la liberté des cultes, à la liberté individuelle, à l'égalité des citoyens devant la loi, à l'inviolabilité de la propriété et au principe de l'inamovibilité de la magistrature ;

2° De celles qui pourraient compromettre la défense du territoire.

Art. 27. Le Sénat règle par un sénatus-consulte :

1° La constitution des colonies et de l'Algérie ;

2° Tout ce qui n'a pas été prévu par la Constitution et qui est nécessaire à sa marche ;

3° Le sens des articles de la Constitution qui donnent lieu à différentes interprétations.

Art. 28. Ces sénatus-consultes seront soumis à la sanction du président de la République et promulgués par lui.

Art. 29. Le Sénat maintient ou annule tous les actes qui lui sont déférés comme inconstitutionnels par le gouvernement, ou dénoncés, pour la même cause, par les pétitions des citoyens.

Art. 30. Le Sénat peut, dans un rapport adressé au président de la République, poser les bases des projets de lois d'un grand intérêt national.

Art. 31. Il peut également proposer des modifications à la Constitution. Si la proposition est adoptée par le pouvoir exécutif, il y est statué par un sénatus-consulte.

Art. 32. Néanmoins, sera soumise au suffrage universel toute modification aux bases fondamentales de la Constitution, telles qu'elles ont été posées dans la proclamation du 2 décembre et adoptées par le peuple français.

Art. 33. En cas de dissolution du Corps législatif, et jusqu'à une nouvelle convocation, le Sénat, sur la proposition du président de la République, pourvoit, par des mesures d'urgence, à tout ce qui est nécessaire à la marche du gouvernement.

TITRE V.

Du Corps législatif.

Art. 34. L'élection a pour base la population.

Art. 35. Il y aura un député au Corps législatif à raison de trente-cinq mille électeurs.

Art. 36. Les députés sont élus par le suffrage universel, sans scrutin de liste.

Art. 37. Ils ne reçoivent aucun traitement.

Art. 38. Ils sont nommés pour six ans.

Art. 39. Le Corps législatif discute et vote les projets de lois et l'impôt.

Art. 40. Tout amendement adopté par la commission chargée d'examiner un projet de loi sera renvoyé, sans discussion, au Conseil d'État par le président du Corps législatif. Si l'amendement n'est pas adopté par le Conseil d'État, il ne pourra être soumis à la délibération du Corps législatif.

Art. 41. Les sessions ordinaires du Corps législatif durent trois mois. Ses séances sont publiques : mais la demande de cinq membres suffit pour qu'il se forme en comité secret.

Art. 42. Le compte-rendu des séances du Corps législatif par les journaux ou tout autre moyen de publication ne consistera que dans la reproduction du procès-verbal dressé, à l'issue de chaque séance, par les soins du président du Corps législatif.

Art. 43. Le président et les vice-présidents du Corps législatif sont nommés par le président de la République pour un an ; ils sont choisis parmi les députés.

Le traitement du président du Corps législatif est fixé par un décret.

Art. 44. Les ministres ne peuvent être membres du Corps législatif.

Art. 45. Le droit de pétition s'exerce auprès du Sénat. Aucune pétition ne peut être adressée au Corps législatif.

Art. 46. Le président de la République convoque, ajourne, proroge et dissout le Corps législatif. En cas de dissolution, le président de la République doit en convoquer un nouveau dans le délai de six mois.

TITRE VI.

Du Conseil d'État.

Art. 47. Le nombre des conseillers d'État en service ordinaire est de quarante à cinquante.

Art. 48. Les conseillers d'État sont nommés par le président de la République, et révocables par lui.

Art. 49. Le Conseil d'État est présidé par le président de la République, et, en son absence, par la personne qu'il désigne comme vice-président du Conseil d'État.

Art. 50. Le Conseil d'État est chargé, sous la direction du président de la République, de rédiger les projets de lois et les réglements d'administration publique, et de résoudre les difficultés qui s'élèvent en matière d'administration.

Art. 51. Il soutient, au nom du gouvernement, la discussion des projets de loi devant le Sénat et le Corps législatif.

Les conseillers d'État chargés de porter la parole au nom du gouvernement sont designés par le président de la République.

Art. 52. Le traitement de chaque conseiller d'État est de vingt-cinq mille francs.

Art. 53. Les ministres ont rang, séance et voix délibérative au Conseil d'État.

TITRE VII.

De la Haute Cour de justice.

Art. 54. Une Haute Cour de justice juge, sans appel ni recours en cassation, toutes personnes qui auront été renvoyées devant elle comme prévenues de crimes, attentats ou complots contre le président de la République et contre la sûreté intérieure ou extérieure de l'État.

Elle ne peut être saisie qu'en vertu d'un décret du président de la République.

Art. 55. Un sénatus-consulte déterminera l'organisation de cette Haute Cour.

TITRE VIII.

Dispositions générales et transitoires.

Art. 56. Les dispositions des codes, lois et règlements existants, qui ne sont pas contraires à la présente Constitution, restent en vigueur jusqu'à ce qu'il y soit légalement dérogé.

Art. 57. Une loi déterminera l'organisation municipale. Les maires seront nommés par le pouvoir exécutif, et pourront être pris hors du conseil municipal.

Art. 58. La présente Constitution sera en vigueur à dater du jour où les grands corps de l'État qu'elle organise seront constitués.

Les décrets rendus par le président de la République, à partir du 2 décembre jusqu'à cette époque, auront force de loi.

Fait au palais des Tuileries, le 14 janvier 1852.

Signé : LOUIS-NAPOLÉON.

Vu et scellé du grand sceau.

Le garde des sceaux, ministre de la justice,

Signé : E. Rouher.

SÉNATUS-CONSULTE

PORTANT MODIFICATION A LA CONSTITUTION

(7 novembre 1852)

Art. 1er. La dignité impériale est rétablie.

Louis-Napoléon Bonaparte est empereur des Français sous le nom de Napoléon III.

Art. 2. La dignité impériale est héréditaire dans la descendance directe et légitime de Louis-Napoléon Bonaparte, de mâle en mâle, par ordre de primogéniture, et à l'exclusion perpétuelle des femmes et de leur descendance.

Art. 3. Louis-Napoléon Bonaparte, s'il n'a pas d'enfant mâle, peut adopter les enfants et descendants légitimes, dans la ligne masculine, des frères de l'empereur Napoléon Ier.

Les formes de l'adoption sont réglées par un sénatus-consulte.

Si, postérieurement à l'adoption, il survient à Louis-Napoléon des enfants mâles, ses fils adoptifs ne pourront être appelés à lui succéder qu'après ses descendants légitimes.

L'adoption est interdite aux successeurs de Louis-Napoléon et à leur descendance.

Art. 4. Louis-Napoléon Bonaparte règle, par un décret organique adressé au Sénat et déposé dans ses archives, l'ordre de succession au trône dans la famille Bonaparte, pour le cas où il ne laisserait aucun héritier direct, légitime ou adoptif.

Art. 5. A défaut d'héritier légitime ou d'héritier adoptif de Louis-Napoléon Bonaparte et des successeurs en ligne collatérale qui prendront leur droit dans le décret organique sus-mentionné, un sénatus-consulte, proposé au Sénat par les ministres formés en conseil de gouvernement avec l'adjonction des présidents en exercice, du Sénat, du Corps législatif et du Conseil d'État, et soumis à l'acceptation du peuple, nomme l'empereur et règle dans sa famille l'ordre héréditaire de mâle en mâle, à l'exclusion perpétuelle des femmes et de leur descendance.

Jusqu'au moment où l'élection du nouvel empereur est consommée, les affaires de l'Etat sont gouvernées par les ministres en fonctions, qui se forment en conseil de gouvernement et délibèrent à la majorité des voix.

Art. 6. Les membres de la famille de Louis-Napoléon Bonaparte appelés éventuellement à l'hérédité, et leur descendance des deux sexes, font partie de la famille impériale. Un sénatus-consulte règle leur position. Ils ne peuvent se marier sans l'autorisation de l'empereur. Leur mariage, fait sans cette autorisation, emporte privation de tout droit à l'hérédité, tant pour celui qui l'a contracté que pour ses descendants.

Néanmoins, s'il n'existe pas d'enfants de ce mariage, en cas de dissolution pour cause de décès, le prince qui l'aurait contracté recouvre ses droits à l'hérédité.

Louis-Napoléon Bonaparte fixe les titres et la condition des autres membres de sa famille.

L'empereur a pleine autorité sur tous les membres de sa famille; il règle leurs devoirs et leurs obligations par des statuts qui ont force de loi.

Art. 7. La Constitution du 14 janvier 1852 est maintenue dans toutes celles de ses dispositions qui ne sont pas contraires au présent sénatus-consulte. Il ne pourra y être apporté de modifications que dans les formes et par les moyens qu'elle a prévus.

Art. 8. La proposition suivante sera présentée à l'acceptation du peuple français dans les formes déterminées par les décrets des 2 et 4 décembre 1851 :

« Le peuple français veut le rétablissement de la dignité impériale dans la personne de Louis-Napoléon Bonaparte, avec hérédité dans sa descendance directe, légitime ou adoptive, et lui donne le droit de régler l'ordre de succession au trône dans la famille Bonaparte, ainsi qu'il est prévu par le sénatus-consulte du 7 novembre 1852. »

Fait au palais du Sénat, le 7 novembre 1852.

SÉNATUS-CONSULTE

PORTANT INTERPRÉTATION ET MODIFICATION DE LA CONSTITUTION

(25 décembre 1852)

Art. 1er. L'empereur a le droit de faire grâce et d'accorder des amnisties.

Art. 2. L'empereur préside, quand il le juge convenable, le Sénat et le Conseil d'État.

Art. 3. Les traités de commerce faits en vertu de l'article 6 de la Constitution ont force de loi pour les modifications de tarifs qui y sont stipulées.

Art. 4. Tous les travaux d'utilité publique, notamment ceux désignés par l'article 10 de la loi du 21 avril 1832 et l'article 3 de la loi du 3 mai 1841, toutes les entreprises d'intérêt général, sont ordonnés ou autorisés par décrets de l'empereur.

Ces décrets sont rendus dans les formes prescrites pour les réglements d'administration publique.

Néanmoins, si ces travaux et entreprises ont pour condition des engagements ou des subsides du Trésor, le crédit devra être accordé, ou l'engagement ratifié par une loi avant la mise à exécution.

Lorsqu'il s'agit de travaux exécutés pour le compte de l'État, et qui ne sont pas de nature à devenir l'objet de concessions, les crédits peuvent être ouverts, en cas d'urgence, suivant les formes prescrites pour les crédits extraordinaires ; ces crédits seront soumis au Corps législatif dans sa plus prochaine session.

Art. 5. Les dispositions du décret organique du 22 mars 1852 peuvent être modifiées par des décrets de l'empereur.

Art. 6. Les membres de la famille impériale appelés éventuellement à l'hérédité, et leurs descendants, portent le titre de *princes français*.

Le fils aîné de l'empereur porte le titre de *prince impérial*.

Art. 7. Les princes français sont membres du Sénat et du Conseil d'État, quand ils ont atteint l'âge de dix-huit ans accomplis.

Ils ne peuvent y siéger qu'avec l'agrément de l'empereur.

Art. 8. Les actes de l'état civil de la famille impériale sont reçus par le ministre d'État, et transmis, sur un ordre de l'empereur, au Sénat, qui en ordonne la transcription sur ses registres et le dépôt dans ses Archives.

Art. 9. La dotation de la Couronne et la Liste civile de l'empereur sont réglées, pour la durée de chaque règne, par un sénatus-consulte spécial.

Art. 10. Le nombre des sénateurs nommés directement par l'empereur ne peut excéder cent cinquante.

Art. 11. Une dotation annuelle et viagère de trente mille francs est affectée à la dignité de sénateur.

Art. 12. Le budget des dépenses est présenté au Corps législatif avec ses subdivisions administratives par chapitres et par articles.

Il est voté par ministère.

La répartition, par chapitres, du crédit accordé pour chaque ministère est réglé par décret de l'Empereur, rendu en Conseil d'État.

Des décrets spéciaux, rendus dans la même forme, peuvent autoriser des virements d'un chapitre à un autre. Cette disposition est applicable au budget de l'année 1853.

Art. 13. Le compte-rendu prescrit par l'article 42 de la Constitution, est soumis, avant sa publication, à une commission composée du président du Corps législatif et des présidents de chaque bureau.

En cas de partage d'opinions, la voix du président du Corps législatif est prépondérante.

Le procès-verbal des séances, lu à l'Assemblée, constate seulement les opérations et les votes du Corps législatif.

Art. 14. Les députés au Corps législatif reçoivent une indemnité qui est fixée à deux mille cinq cent francs par mois pendant la durée de chaque session ordinaire ou extraordinaire.

Art. 15. Les officiers généraux placés dans le cadre de la réserve peuvent être membres du Corps législatif. Ils sont réputés démissionnaires s'ils sont employés activement, conformément à l'article 5 du décret du 1er décembre 1852 et à l'article 3 de la loi du 4 août 1839.

Art. 16. Le serment prescrit par l'article 14 de la Constitution est ainsi conçu :

« *Je jure obéissance à la Constitution et fidélité à l'empereur.* »

Art. 17. Les articles 2, 9, 11, 15, 16, 17, 18, 19, 22 et 37 de la Constitution du 14 janvier 1852 sont abrogés.

Fait au palais du Sénat, le 23 décembre 1852.

Le président :

Mesnard.

TABLE DES MATIÈRES

PARIS. — IMPRIMERIE SERRIERE ET Cᵉ, 123, RUE MONTMARTRE.

www.ingramcontent.com/pod-product-compliance
Ingram Content Group UK Ltd.
Pitfield, Milton Keynes, MK11 3LW, UK
UKHW022042190726
13855UKWH00002B/386